马克思主义简明读本

解读《树立和落实科学发展观》

丛书主编：韩喜平

本书著者：林 娣

编 委 会：韩喜平　邵彦敏　吴宏政
　　　　　王为全　罗克全　张中国
　　　　　王　颖　石　英　里光年

吉林出版集团股份有限公司

图书在版编目（CIP）数据

解读《树立和落实科学发展观》/ 林娣著. -- 长春:吉林出版集团股份有限公司，2014.4（2021.2重印）
（马克思主义简明读本）

ISBN 978-7-5534-2638-9

Ⅰ.①解… Ⅱ.①林… Ⅲ.①社会主义建设模式—研究—中国 Ⅳ.①D616

中国版本图书馆CIP数据核字（2013）第174178号

解读《树立和落实科学发展观》
JIEDU SHULI HE LUOSHI KEXUE FAZHAN GUAN

| 丛书主编：韩喜平 |
| 本书著者：林　娣 |
| 项目策划：周海英　耿　宏 |
| 项目负责：周海英　耿　宏　宫志伟 |
| 责任编辑：陈　曲 |
| 出　　版：吉林出版集团股份有限公司 |
| 发　　行：吉林出版集团社科图书有限公司 |
| 电　　话：0431-81629720 |
| 印　　刷：永清县晔盛亚胶印有限公司 |
| 开　　本：710mm×960mm 1/16 |
| 字　　数：100千字 |
| 印　　张：12 |
| 版　　次：2014年4月第1版 |
| 印　　次：2021年2月第4次印刷 |
| 书　　号：ISBN 978-7-5534-2638-9 |
| 定　　价：36.00元 |

如发现印装质量问题，影响阅读，请与出版方联系调换。

序　言

习近平总书记指出，青年最富有朝气、最富有梦想，青年兴则国家兴，青年强则国家强。青年是民族的未来，"中国梦"是我们的，更是青年一代的，实现中华民族伟大复兴的"中国梦"需要依靠广大青年的不断努力。

要提高青年人的理论素养。理论是科学化、系统化、观念化的复杂知识体系，也是认识问题、分析问题、解决问题的思想方法和工作方法。青年正处于世界观、方法论形成的关键时期，特别是在知识爆炸、文化快餐消费盛行的今天，如果能够静下心来学习一点理论知识，对于提高他们分析问题、辨别是非的能力有着很大的帮助。

要提高青年人的政治理论素养。青年是祖国的未来，是社会主义的建设者和接班人。党的十八大报告指出，回首近代以来中国波澜壮阔的历史，展望中华民族充满希望的未来，我们得出一个坚定的结论——实现中华民族伟大复兴，必须坚定不移地走中国特色社会主义道路。要建立青年人对中国特色社会主义的道路自信、理论自信、制度自信，就必须要对他们进行马克思主义理论教育，特别是中国特色社会主义理论体系教育。

要提高青年人的创新能力。创新是推动民族进步和社会发展的不竭动力，培养青年人的创新能力是全社会的重要职责。但创新从来都是继承与发展的统一，它需要知识的积淀，需要理论素养的提升。马克思主义理论是人类社会最为重大的理论创新，系统地学习马克思主义理论有助于青年人创新能力的提升。

要培养青年人的远大志向。"一个民族只有拥有那些关注天空的人，这个民族才有希望。如果一个民族只是关心眼下脚下的事情，这个民族是没有未来的。"马克思主义是关注人类自由与解放的理论，是胸怀世界、关注人类的理论，青年人志存高远，奋发有为，应该学会用马克思主义理论武装自己，胸怀世界，关注人类。

正是基于以上几点考虑，我们编写了这套《马克思主义简明读本》系列丛书，以便更全面地展示马克思主义理论基础知识。希望青年朋友们通过学习，能够切实收到成效。

韩喜平
2013年8月

目　录

引　言 / 001

第一章　科学发展观是中国特色社会主义理论体系的最新成果 / 003

第一节　科学发展观形成的社会历史条件 / 004
第二节　科学发展观形成的历史过程 / 019
第三节　树立和落实科学发展观的重大意义 / 023

第二章　科学发展观的第一要义是发展 / 033

第一节　发展对于坚持和发展中国特色社会主义具有决定性意义 / 033
第二节　发展必须以经济建设为中心 / 038
第三节　发展应该是又好又快的发展 / 045

第三章　科学发展观的核心是以人为本 / 055

第一节　以人为本的科学内涵 / 055
第二节　以人为本体现了立党为公、执政为民的本质要求 / 060
第三节　如何做到以人为本 / 062

第四章　科学发展观的基本要求和根本方法 / 070

第一节　全面、协调、可持续是科学发展观的基本要求 /070
第二节　统筹兼顾是科学发展观的根本方法 / 079
第三节　中国特色社会主义事业的总体布局 / 087

第五章　树立和落实科学发展观的根本途径 / 104

第一节　坚持"一个中心、两个基本点"的基本路线 / 104
第二节　走新型工业化道路，实现经济发展方式的转变 /109
第三节　构建社会主义和谐社会 / 118
第四节　建设社会主义新农村 / 126
第五节　提高自主创新能力，建设创新型国家 / 139
第六节　建设资源节约型、环境友好型社会 / 145

第六章　树立和落实科学发展观的重要保证 / 156

第一节　增强树立和落实科学发展观的自觉性 / 156
第二节　建立有利于树立和落实科学发展观的体制机制/162
第三节　加强党的执政能力建设和先进性建设 / 172
第四节　继续深化改革开放 / 177

参考文献 / 185

引　言

科学发展观是党的十六大以来，党中央坚持以邓小平理论和"三个代表"重要思想为指导，准确把握世界发展趋势，认真总结我国发展经验，深入分析我国发展阶段性特征的基础上提出来的重大战略思想，为党和人民事业的发展提供了科学的理论指导和有力的思想保证。

党的十七大报告全面深刻地阐明了科学发展观的历史地位、时代背景、科学内涵、精神实质、根本要求，强调在新的发展阶段继续全面建设小康社会、发展中国特色社会主义，必须深入贯彻落实科学发展观。党的十八大报告进一步指出，科学发展观同马克思列宁主义、毛泽东思想、邓小平理论、"三个代表"重要思想一道，是党必须长期坚持的指导思想。牢固树立和落实科学发展观，是对马克思列宁主义、毛泽东思想最好的坚持、实践和发展。牢固树立和落实科学发展观，也是我国今后经济社会发展的基本指导方针，是统率中国特色社会主义各项事业大局的中心任务。

　　学习树立和落实科学发展观，可以帮助我们正确认识我国的基本国情和发展的阶段性特征，正确认识世界发展的趋势和我国经济社会面临的形势，正确认识党和国家的重大方针政策，正确认识中国特色社会主义的发展理念、发展方法以及发展目的、发展动力、发展战略、发展布局、发展道路，对于广大人民群众树立坚定的政治信仰、掌握正确的思想方法和行为准则，把理想信念和世界观建立在科学理论的基础之上具有十分重要的意义。为此，我们根据十八大精神编写了《解读〈树立和落实科学发展观〉》，力图帮助读者全面把握科学发展观的内涵和精神实质，增强树立和落实科学发展观的自觉性和坚定性。

第一章　科学发展观是中国特色社会主义理论体系的最新成果

科学发展观是我们党坚持以邓小平理论和"三个代表"重要思想为指导，立足社会主义初级阶段基本国情，深入分析我国发展的阶段性特征，总结我国发展实践，准确把握世界发展趋势，借鉴国外发展经验，适应新的发展要求提出来的。科学发展观站在历史和时代的高度，围绕中国特色社会主义这一主题，深刻回答了我国社会主义经济建设、政治建设、文化建设、社会建设和党的建设的一系列重大问题，是中国特色社会主义理论体系的重要创新成果。

第一节　科学发展观形成的社会历史条件

一、科学发展观形成的时代背景

当今世界正处在大变革大调整之中，我国发展既面临着前所未有的机遇，也面临着前所未有的挑战。

一方面，和平与发展仍然是时代主题，经济全球化趋势继续发展。随着科技进步日新月异，区域经济一体化蓬勃发展，世界经济正处在新一轮恢复和增长期，国家之间的相互依存进一步加深。尤其是中国加入WTO以来，全球化进程对我国的影响更加明显，要利用好世界资源，促进自身发展，就要使中国更好地融入世界经济，就要把中国的发展放到世界的大局中来思考，中国以科学发展观来促进发展，才能发挥比较优势，把握有利条件，趋利避害，取得发展的主动权。

另一方面，国际环境中不稳定不确定因素增多，我国发展的外部条件复杂多变。世界多极化的格局尚未确立，霸权主义、强权政治依然存在，影响世界和平与发展的不稳定因素增多，各种政治力量深刻调整组合，国际战略竞争更趋激烈，地区冲突和热点问题此起彼伏，国际恐怖主义活动猖獗，传统安全威胁和非传统安全威胁相互交织。世界经济发展很不平衡，南北差距拉大，经济结构性矛盾加剧，贸易和投资保护主义抬头，能源资源压力增大，经济发展中的潜在风险增多，气候变化、重大自然灾害、严重传染性疾病危害加大。

共同推进国际关系民主化，推动经济全球化朝着均衡、普惠、共赢方向发展，促进人类文明繁荣进步，维护世界和平稳定，呵护人类赖以生存的地球家园，是世界各国人民的共同心愿。中国必须突出发展主题，走和平崛起之路，坚持以经济建设为中心，不断解放和发展生产力，不断增强经济实力和综合国力，才能在日趋激烈的国际竞争中占据有利的地位，才能为世界和平与共同发展做出重大贡献。科学发展观的提出，表明了中国和平发展的理念和决心，顺应了和平、发展、合作的世界潮流。

同时，当代中国同世界的关系发生了历史性变化，中国发展对世界发展的作用和影响不断提高，国际环境发展变化对我国发展的作用和影响也不断增大。经过这些年的发展，我国经济实力和综合国力大大增强，国际地位和国际影响力不断提升，国际社会普遍看好我国的发展前景，战略上对我国更加重视，同我国合作的意愿不断增强，国际环境中对我国发展有利的因素不断增加。这有利于我国加强同世界各国的合作、加快自身的发展。但也要清醒看到，我国面临着发达国家经济科技占优势的巨大压力，西方敌对势力一刻也没有放弃对我国实施西化、分化的战略图谋，贸易摩擦不断，资源竞争加剧，环境问题突出，文化交流交融交锋频繁，维护国家安全的任务更加繁重。我们面临的仍将是一个总体上有利于我国发展，但不利因素也可能增多的环境。必须把中国的发展放到世界的大局中来思考，不断提高统筹国内国际两个大局的能力，不断提高把握机遇、应对风险挑战的能力，始终掌握发展的主动权。科学发展观是在深刻把握中国与世界关系新变化基础上提出来的。

二、科学发展观形成的现实依据

科学发展观是马克思主义基本原理和中国当代实际相结合的产物，是在立足我国基本国情、深入分析我国发展的阶段性特征、认真总结我国发展实践、适应新的发展要求的基础上形成和发展起来的。具体地说，是因为新时期我国改革开放和现代化建设有了一系列新任务、新情况、新问题才引发了新一届中央领导集体的深刻思考，直接引发了科学发展观的提出和形成。

第一，全面建设小康社会引起的思考。全面建设小康社会，这是全党和全国人民当前最重要的任务。党的十六大提出，我们要在21世纪头20年，集中力量，全面建设惠及十几亿人口的更高水平的小康社会。十六大以后，这个历史重任就落到了新一届中央领导集体的肩上。怎样全面建设小康社会，就必然成为党中央集中思考的首要问题。

改革开放以来，我国经济社会发展取得了历史性的伟大成就，胜利实现了现代化建设"三步走"战略的第一步、第二步目标，人民生活总体上达到小康水平。但是，现在达到的小康还是低水平的、不全面的、发展很不平衡的小康。按照国家统计局1992年制定的到2000年的16项小康指标的目标值，到2000年还有农民人均纯收入、农村初级卫生保健、人均蛋白质日摄入量等项指标未能达标。而且分区域来看，到2000年，这几项指标，东部基本实现，中部实现了78%，西部只实现了56%。这集中反映了一个问题，即城乡差别、地区差距、经济和社会发展不协调，已经影响到我国现代化建设的大局。

因此，全面建设小康社会面临的一个艰巨任务，就是如何解决好城乡差别问题、区域发展差距问题以及经济和社会发展不协调的问题。正因为如此，我们党提出了科学发展观，以此作为全面建设小康社会的指导方针。也就是说，科学发展观的形成和提出，同全面建设小康社会有着直接的、内在的联系。

第二，战胜非典疫情引起的思考。2003年初，我国部分地区发生传染性非典疫情，给经济发展，特别是旅游业、商业服务业、航空业、运输业、建筑业和部分制造业造成很大的损失，人民的生命健康遭受很大的威胁。这场举世关注的疫情，暴露出我国经济社会发展中的某些薄弱环节，特别是经济发展和社会发展"一条腿长、一条腿短"的问题。

非典的发生和抗击非典的斗争提出了一个深刻的问题，这就是：我们在推动经济增长的同时，要注重社会发展，要搞好公共卫生、教育等各方面的工作，要十分重视人的生命和健康，把对人的关爱放在重要位置上。因此，在抗击非典取得决定性胜利后不久，党中央就提出坚持以人为本，坚持统筹兼顾，坚持全面、协调、可持续发展的方针。2003年7月28日，胡锦涛在全国防治非典工作会议上指出，要更好地坚持协调发展、全面发展、可持续发展的发展观。可见，抗击非典斗争是科学发展观形成的一个直接的因素。

第三，面对现实矛盾和问题引起的思考。科学发展观的提出，不仅是长期发展的需要，也是解决当前突出矛盾和问题的需要。改革开放以来，我国经济发展取得了举世瞩目的成就，同时也出现了不少矛盾和问题。一是城乡差别、地区差距、居民收入差距持续扩大。二是就业和社会保障压力增大。三是科技、教育、文化、卫生、体育等社会事业发展滞后。四是人口增长、经济发展同生态环境、自然资源的矛盾加剧。五是经济增长方式落后，经济整体素质不高，竞争力不强。

这些矛盾和问题产生的原因是多方面的：有长期性问题在当前发展阶段的突出反映；有体制不健全、政策不合理等因素影响；也有与发展观念上的偏差有关。这些问题必须高度重视而不可回避，必须逐步解决而不可任其发展。

科学发展观是解决这些矛盾和问题的有力武器。提出科学发展观，就是要处理好经济发展与社会发展的关系；处理好城乡发展、地区发展的关系；处理好不同利益群体的关系；处理好经济增长同资源、环境的关系；处理好改革、发展、稳定的关系；处理好物质文明建设同政治文明建设、精神文明建设的关系；处理好国内发展与对外开放的关系，使整个社会走上生产发展、生活富裕、生态良好的文明发展道路。

第四，提高党的执政能力引起的思考。执政能力建设是党执政后的一项根本建设。执政60多年来，我们党领导全国各族人民取得了举世瞩目的成就，党在实践中锻炼得更加成熟、更加坚强。党的执政能力同党所肩负的重任和使命总体上是适应的。但是，面对新形势新任务，党的执政能力建设还存在一些突出问题，不适应新形势新任务的需要。这里既有思想观念和执政理念的不适应，也有领导方式和执政方式、领导体制和工作体制的不适应，还有党员干部队伍素质和能力等方面的不适应。

怎样才能使党的执政能力进一步适应形势和任务的需要呢？提出科学发展观，正是为了解决这个重大战略课题。坚持以人为本、全面、协调、可持续的科学发展观，就能有力地提高党的执政能力。党的十六届四中全会进一步强调"提高党的执政能力，首先要提高党领导发展的能力"，强调"坚持以人为本、全面、协调、可持续的科学发展观，更好地推动经济社会发展"，更好地推动社会主义物质文明、政治文明、精神文明协调发展，更好地构建社会主义和谐社会，带领全国各族人民实现国家富强、民族振兴、社会和谐、人民幸福。

同时，我国社会主义建设和改革开放的实践经验是科学发展观形成的实践基础。在我国几十年社会主义建设的进程中，我们党既艰苦奋斗创造了建设社会主义的辉煌成就，同时也艰辛探索积累了发展社会主义的丰富经验。善于总结经验是我们党的优良传统，是推进马克思主义基本原理同中国具体实际相结合的重要途径。

党的十一届三中全会以后，我们党在正确判断国情的基础上，深刻总结社会主义建设正反两方面的经验，形成了以经济建设为中心、坚持四项基本原则、坚持改革开放的"一个中心、两个基本点"的基本路线，开辟了中国特色社会主义道路。党的十二大、十三大、十四大、十五大、十六大制定了一系列推进改革发展的方针政策，把总结历史经验同总结新鲜经验结合起来，不断丰富和发展党的基本理论、基本路线、基本纲领、基本经验。

党的十七大大跨度地回顾和总结了我国改革开放的历史进程和宝贵经验，提出了"十个结合"，即：强调推进改革开放和社会主义现代化，必须把坚持马克思主义基本原理同推进马克思主义中国化结合起来，把坚持四项基本原则同坚持改革开放结合起来，把尊重人民首创精神同加强和改善党的领导结合起来，把坚持社会主义基本制度同发展市场经济结合起来，把推动经济基础变革同推动上层建筑改革结合起来，把发展社会生产力同提高全民族文明素质结合起来,把提高效率同促进社会公平结合起来,把坚持独立自主同参与经济全球化结合起来,把促进改革发展同保持社会稳定结合起来,把推进中国特色社会主义伟大事业同推进党的建设新的伟大工程结合起来。

这"十个结合",生动阐明了我们党在改革开放实践中是如何坚持和发展马克思主义、如何坚持和发展社会主义、如何全面推进社会主义现代化、如何统筹国内国际两个大局、如何加强和改善党的领导的,深刻揭示了我国改革开放取得成功的关键和根本,揭示了我国社会主义经济建设、政治建设、文化建设、社会建设和党的建设的真谛,强调了营造良好国际环境、保持国内社会政治稳定、坚持党的领导核心地位对改革发展的保障作用,是我们党对改革开放和社会主义现代化建设经验的一次集中概括,是我们这样一个十几亿人口的发展中大国摆脱贫困、加快实现现代化、巩固和发展社会主义的宝贵经验。科学发展观是在深刻总结和坚持运用长期以来我国发展实践经验基础上提出来的。

三、科学发展观形成的理论渊源

科学发展观,是对党的三代中央领导集体关于发展的重要思想的继承和发展，是马克思主义关于发展的世界观和方法论的集中体现，是同马克思列宁主义、毛泽东思想、邓小平理论和"三个代表"重要思想既一脉相承又与时俱进的科学理论。马克思、恩格斯、列宁关于发展的丰富思想，以毛泽东、邓小平、江泽民同志为核心的党的三代中央领导集体关于我国社会主义建设的一系列重要思想，是科学发展观形成的理论来源。

马克思、恩格斯关于辩证唯物主义和历史唯物主义的世界观和方法论，人类社会基本矛盾的学说，人民群众的观点，批判资本主义畸形发展的观点，人与人、人与自然协调发展以及人与社会全面发展的观点等，构成了马克思主义关于发展的思想，是科学发展观最基本的理论依据和来源。列宁在领导俄国进行社会主义建设的过程中，提出了建立工农联盟，正确处理重工业与其他工业、农业发展的关系，以及加强民主与法制建设和文化建设等一系列关于发展的思想，几乎涉及社会主义建设的所有重大问题。这些思想对于我们思考和探索社会主义发展问题具有重要的启示。

毛泽东在借鉴苏联发展经验和教训的基础上，发表了《论十大关系》等重要论著。提出我国在社会主义改造完成后"根本任务已经由解放生产力变为在新的生产关系下面保护和发展生产力"的重要思想。他认为，苏联在社会主义建设中的一个主要教训，就是没有做到统筹兼顾、综合平衡，所以，特别强调统筹兼顾、适当安排、各得其所，调动一切积极力量建设社会主义，"这是一个战略方针"。"搞社会主义建设，很重要的一个问题是综合平衡。"这些观点是毛泽东思想的重要组成部分，也是科学发展观重要的理论来源。

科学发展观更为直接的理论来源，是邓小平和江泽民关于发展的思想。科学发展观以邓小平理论和"三个代表"重要思想为指导，系统总结了改革开放以来我国社会主义现代化建设的成功经验。它们之间是一脉相承、继承发展的关系。

邓小平发展思想的一个主要内容和重大贡献，是明确提出并巩固确立了我们党"一个中心、两个基本点"的基本路线和战略布局。邓小平强调，在社会主义初级阶段，要始终坚持以经济建设为中心，"发展才是硬道理"。正是由于他在这个问题上鲜明和坚定的态度，才使全党真正牢固树立起这个认识。

邓小平所说的发展，并不是单纯的经济发展，而是全面的发展。他提出的"小康社会"就是一个全面发展的概念。他曾描述小康社会六个方面的特征，包括保障人民的吃穿用、住房、就业、教育、文化、体育和其他公共福利事业、精神面貌、社会治安等。他提出了社会主义本质的重要论断和"三个有利于"的判断标准，强调要以人民群众是否满意作为衡量改革能否成功的标准；还提出了关于"两手抓，两手都要硬"，全国改革，沿海和内地发展"两个大局"，合理调节社会分配关系、避免两极分化等一系列重要思想；在发展战略、人口资源环境、文化旅游等方面也有大量论述。他经常使用"全面"、"协调"、"持续发展"这样的概念，"中国解决所有问题的关键是要靠自己的发展"、"中国的主要目标是发展"等，这些有关发展的精辟论述浓缩成"发展是硬道理"这一科学论断。

江泽民关于发展的思想，是在我国社会主义现代化建设进入总体上实现小康社会目标的阶段形成的。在这个阶段，发展不平衡问题逐渐突出，我们党也开始更多地关注这个问题。江泽民明确提出"社会主义社会是全面发展、全面进步的社会"，并多次强调要代表最广大人民的根本利益，实现好、维护好、发展好人民群众的利益，"推进人的全面发展"。

江泽民在党的十五大报告中提出建设中国特色社会主义经济、政治、文化的基本纲领，形成了三位一体的战略布局。他还提出了关于社会主义现代化建设的一系列重要理论观点、方针政策和战略举措，如要正确处理改革、发展、稳定三者的关系，正确处理社会主义现代化建设中的十二个重大关系；要保持国民经济持续快速健康发展，用发展的办法解决发展中的问题，走既有较快速度又有较好质量的发展路子；强调发展要有新思路，核心是进行产业结构战略性调整，实现"两个转变"；提出可持续发展战略、科教兴国战略、西部大开发战略等一系列关于全国发展的重大举措。

江泽民在党的十六大报告中提出了建设小康社会的目标，即经济更加发展、民主更加健全、科教更加进步、文化更加繁荣、社会更加和谐、人民生活更加殷实。应该说，科学发展观鲜明体现了这些重要理论成果。

同时，科学发展观的形成还借鉴了第二次世界大战后兴起的以研究发展中国家现代化为主要内容的各种发展理论。随着人类社会的不断进步，人们对发展的认识不断深化，发展观念也经历不断演变的过程。大体来说，国外发展理论依据其对发展问题的不同理解形成了四种不同的发展观：一是发展＝经济增长的发展观；二是发展＝经济增长＋社会变革的发展观；三是发展＝可持续发展的发展观；四是发展＝以人为中心＋社会综合发展的发展观。

（一）发展＝经济增长的发展观

20世纪50年代以后，大多数国家，特别是广大发展中国家，普遍把发展等同于经济增长，把发展归结为物质财富的积累，把国内生产总值（GDP）作为评判发展的重要标准，形成了以GDP增长为核心的传统发展观念。这种发展观对促进经济增长、迅速积累财富起到了积极作用。但是，由于单纯的经济增长不能体现社会结构的完善和收入分配的改善，并没有给人们带来所期望的福祉，相反，却出现了高增长下的分配不公、两极分化、社会腐败、政治动荡、环境污染和生态破坏。学术界把这种现象归纳为"有增长无发展"，或"无发展的增长"。

（二）发展＝经济增长＋社会变革的发展观

20世纪60年代末以后，人们在肯定经济增长的积极意义上，认为发展不仅是国内生产总值的增长，而且包括经济、社会和文化的发展。这种发展观比单纯追求经济增长的发展观更全面、成熟，但它并没有考虑到后代的发展空间等问题。

（三）发展＝可持续发展的发展观

20世纪70年代初期，全球性环境污染、资源短缺、经济发展不平衡等问题越来越突出，公众的环保呼声日益高涨。

1972年6月,联合国第一次人类环境会议召开,揭开了人类发展史上把环境保护放在重要位置的新的一页。1980年3月,联合国大会第一次使用了"可持续发展"的概念。以布伦特兰夫人为主席的联合国环境与发展委员会经过长期研究,于1987年发表了长篇报告《我们的共同未来》,首次提出了"可持续发展"的定义和思想,清晰地表达了可持续发展观,即"可持续发展是既满足当代的需求,又不对后代满足需求能力构成危害的发展。"可持续发展观在1992年联合国环境与发展大会上得到与会者的承认,进而在全世界得到普遍认同。它表明人们的发展观在多元性、全面性的基础上又向前迈进了一大步。

(四)发展＝以人为中心＋社会综合发展的发展观

20世纪80年代,联合国推出了法国经济学家佩鲁的论著《新发展观》,强调发展应该是"整体的"、"综合的"和"内生的",提出发展应以人的价值、人的需要和人的潜力发挥为中心,促进生活质量的提高和社会每位成员的全面发展。联合国的《人类发展报告》提出人类发展指数(HDI)包括三个要素:寿命、知识和生活水平。从这三个要素可以看出,人类发展指数是经济增长、社会进步、环境和谐的综合反映。

世界各国的发展实践和发展观念的演变表明，发展绝不仅仅是经济增长，而应该是经济、政治、文化、社会全面协调发展，应该是社会公平随着社会财富增加得到更好实现的发展，应该是统筹国内国际两个大局的发展，应该是人与自然相和谐的可持续发展。作为发展中的社会主义大国，我国要完成工业化和信息化的双重任务，担负着增加社会财富和使人民共享发展成果、实现社会公平的双重使命，面临着促进经济发展和节约资源、保护环境的双重压力，这就决定了我们不能重复其他国家走过的老路，而必须走出一条有中国特色的发展道路。

科学发展观是在借鉴世界各国发展经验、汲取国外发展理论有益成果的基础上提出来的。

第二节　科学发展观形成的历史过程

科学发展观的形成经历了一个逐步完善的过程，其内容和表述也越来越完整、正确和深刻。

1999年3月10日，胡锦涛参加九届全国人大二次会议福建代表团审议时，第一次提出科学的发展观。胡锦涛说：我们必须牢固树立发展是硬道理的思想，树立科学的发展观。我们搞的是社会主义市场经济，必须按照市场需求配置资源、组织生产和流通。特别是在我国的市场供求关系已经发生重大变化的情况下，尤其要强调规模与结构、数量与质量、速度与效益的统一。只有这样，才能真正实现没有水分的、实实在在的、有良好效益的、能给人民带来实惠的发展……要相信群众，依靠群众……时刻把群众的冷暖挂在心上，诚心诚意帮助群众排忧解难。这是党的历史上首次提出"科学的发展观"概念。

2003年7月28日，全国防治非典工作会议在北京举行。胡锦涛在会上发表重要讲话并指出：通过抗击非典斗争，我们比过去更加深刻地认识到，我国的经济发展和社会发展、城市发展和农村发展还不够协调；公共卫生事业发展滞后，公共卫生体系存在缺陷；突发事件应急机制不健全，处理和管理危机能力不强。温家宝在主持会议的讲话中强调：在全面建设小康社会和整个现代化过程中，必须进一步树立全面的发展观。

2003年10月，党的十六届三中全会召开，全会通过的

《中共中央关于完善社会主义市场经济体制若干问题的决定》要求，完善社会主义市场经济体制，做到统筹城乡发展，统筹区域发展，统筹经济社会发展，统筹人与自然和谐发展，统筹国内发展和对外开放。提出：坚持以人为本，树立全面、协调、可持续的发展观，促进经济社会和人的全面发展。

2003年12月，中央经济工作会议召开，胡锦涛发表讲话，指出：贯彻2004年经济工作的总体要求，重要的是牢固确立和认真落实以人为本和全面、协调、可持续的发展观；确立科学发展观，对于提高党领导经济工作的水平和驾驭全局的能力，实现全面建设小康社会的宏伟目标至关重要。这是对科学发展观的内涵、定位等进行的一次全面系统的阐述。

2004年2月23日，中共中央政治局召开会议，讨论《政府工作报告》和修改《中国人民政治协商会议章程》部分内容的工作。会议要求：紧紧抓住发展这个第一要务，坚持全面、协调、可持续的和平发展观。2004年3月5日，温家宝在十届人大二次会议上作政府工作报告，指出：抓好发展这个第一要务，坚持科学发展观。

2004年3月10日，胡锦涛在中央人口资源环境工作座谈会上发表重要讲话,要求:"要实现全面建设小康社会的奋斗目标,开创中国特色社会主义事业新局面,必须坚持贯彻'三个代表'重要思想和十六大精神,牢固树立和认真落实以人为本,全面、协调、可持续的发展观。""坚持以人为本,全面、协调、可持续的发展观,是我们以邓小平理论和'三个代表'重要思想为指导,从新世纪新阶段党和国家事业发展全局出发提出的重大战略思想。"这是中央领导第一次把"以人为本"与"全面、协调、可持续"有机地结合在一起表述科学发展观的完整内涵。

2004年9月,中国共产党第十六届中央委员会第四次全体会议召开,全会通过的《中共中央关于加强党的执政能力建设的决定》要求:"坚持以人为本、全面、协调、可持续的科学发展观,更好地推动经济社会发展。"这是第一次在中央文件里表述科学发展观的完整内涵。

从提出"全面的发展观",到提出"全面、协调、可持续的科学发展观",再到提出"以人为本、全面、协调、可持续的科学发展观",反映了我们党对发展问题逐步深化的认识过程,以及对经济社会发展客观规律的不断探索过程,是我们党执政理念的一个飞跃。

第三节　树立和落实科学发展观的重大意义

一、树立和落实科学发展观是对马克思列宁主义、毛泽东思想和中国特色社会主义理论体系的坚持和实践

科学发展观是同马克思列宁主义、毛泽东思想、邓小平理论和"三个代表"重要思想既一脉相承又与时俱进的科学理论。科学发展观坚持马克思主义基本原理，紧密结合我国改革开放和社会主义现代化建设的实际，紧密结合新的时代条件，既毫不动摇地坚持了马克思列宁主义、毛泽东思想、邓小平理论和"三个代表"重要思想，又赋予马克思主义新的鲜活力量，是与时俱进的马克思主义。

我们党在领导中国革命、建设、改革的长期实践中，把马克思主义基本原理同中国具体实际和时代特征相结合，不断推进马克思主义中国化，实现了两次历史性飞跃。

第一次飞跃发生在新民主主义革命时期，中国共产党人经过反复探索，在总结成功和失败经验的基础上，找到了农村包

围城市、最后夺取全国胜利的、有中国特色的革命道路，并在革命胜利后积极探索适合我国国情的社会主义建设道路，形成了被实践证明了的关于中国革命和建设的正确的理论原则和经验总结，这就是毛泽东思想。

第二次飞跃发生在党的十一届三中全会以后，中国共产党人在总结我国经验和研究国际形势的基础上，开辟了中国特色社会主义道路，形成了被实践证明了的关于在中国建设、巩固和发展社会主义的正确的理论原则和经验总结，这就是中国特色社会主义理论体系。中国特色社会主义理论体系，就是包括邓小平理论、"三个代表"重要思想以及科学发展观等重大战略思想在内的科学理论体系。这个理论体系，坚持和发展了马克思列宁主义、毛泽东思想，凝结了几代中国共产党人带领人民不懈探索实践的智慧和心血，是马克思主义中国化最新成果，是党最可宝贵的政治和精神财富，是全国各族人民团结奋斗的共同思想基础。在当代中国，坚持中国特色社会主义理论体系，就是真正坚持马克思主义。科学发展观是中国特色社会主义理论体系的重要组成部分。

党的十六大以后，党中央着眼于党和人民事业发展的全局，坚持以邓小平理论和"三个代表"重要思想为指导，顺应国内外形势发展变化，发扬求真务实、开拓进取精神，不断总结实践经验，不断扩展理论视野，不断作出理论概括，提出坚持以人为本，实现科学发展；提出坚持统筹兼顾，正确认识和妥善处理中国特色社会主义事业中的重大关系；提出构建社会主义和谐社会，按照四位一体总体布局全面推进社会主义现代化；提出建设社会主义核心价值体系，牢固树立社会主义荣辱观；提出建设社会主义新农村，建设创新型国家，建设资源节约型、环境友好型社会，建设生态文明；提出始终不渝走和平发展道路，坚持互利共赢的开放战略，推动建设和谐世界；提出全面加强党的执政能力建设和先进性建设等重大战略思想和战略任务，形成了科学发展观。

党的十七大对科学发展观进行了科学概括和深刻阐述，丰富和发展了中国特色社会主义理论体系。科学发展观是同马克思列宁主义、毛泽东思想、邓小平理论和"三个代表"重要思想既一脉相承又与时俱进的科学理论，是马克思主义与当代中国实际和时代特征相结合的产物，是中国共产党和中国人民集体智慧的结晶。深入贯彻落实科学发展观，是对马克思列宁主义、毛泽东思想的最好坚持和实践，也是对邓小平理论和"三个代表"重要思想的最好坚持和实践。

二、树立和落实科学发展观是全面建成小康社会的必然要求

经过改革开放30多年的发展,我们胜利实现了现代化建设三步走的战略的第一步、第二步目标,人们生活总体水平达到了小康,这是我们中华民族发展史上一个伟大的里程碑。但是我们还要看到,我们所实现的小康仍然是低水平、不全面、不平衡的小康。所以十六大提出要抓紧本世纪头20年这个大有作为,又必须紧紧抓住的重要战略机遇期,全面建设惠及十几亿人口的更高水平的小康社会。要使经济更加发展,民主更加健全,科教更加进步,文化更加繁荣,社会更加和谐,人们生活更加殷实。

党的十八大进一步提出要确保到2020年实现全面建成小康社会宏伟目标。全面建成小康社会,必须以更大的政治勇气和智慧,不失时机深化重要领域改革,坚决破除一切妨碍科学发展的思想观念和体制机制弊端,构建系统完备、科学规范、运行有效的制度体系,使各方面制度更加成熟更加定型。

要加快完善社会主义市场经济体制，完善公有制为主体、多种所有制经济共同发展的基本经济制度，完善按劳分配为主体、多种分配方式并存的分配制度，更大程度更广范围地发挥市场在资源配置中的基础性作用，完善宏观调控体系，完善开放型经济体系，推动经济更有效率、更加公平、更可持续发展。

加快推进社会主义民主政治制度化、规范化、程序化，从各层次各领域扩大公民有序政治参与，实现国家各项工作法治化。

加快完善文化管理体制和文化生产经营机制，基本建立现代文化市场体系，健全国有文化资产管理体制，形成有利于创新创造的文化发展环境。

加快形成科学有效的社会管理体制，完善社会保障体系，健全基层公共服务和社会管理网络，建立确保社会既充满活力又和谐有序的体制机制。

加快建立生态文明制度，健全国土空间开发、资源节约、生态环境保护的体制机制，推动形成人与自然和谐发展的现代化建设新格局。

所以我们要树立和落实全面发展、协调发展，可持续发展的科学发展观，这样我们才能从主观和客观两个方面为实现全面建成小康社会的宏伟目标创造必要的条件。而我们只有牢固树立和认真落实科学发展观，坚持真正按照科学发展观的要求想问题、办事情、做决策，我们才能使全面建成小康社会，真正建立在求真务实的基础上，才能真正做到在经济发展的基础上，促进社会全面进步，为实现全面建成小康社会的宏伟目标奠定坚实的基础。

三、树立和落实科学发展观是我国经济社会发展进入关键时期的正确选择

经过全国各族人们的共同努力，改革30多年来，我国经济一直保持着快速增长的良好势头，国内生产总值年均增长9.4％，在全世界首屈一指，一枝独秀，在2003年，我们遭遇了非典等各种灾害和困难，我国的经济增长仍然高达9.1％，国内生产总值达到1.4万亿多美元，人均国内生产总值首次突破了1000美元。这在我国发展史上是具有里程碑意义的。按照十六大确立的全面建设小康社会的奋斗目标，到2020年我国人均国内生产总值将达到3000美元—5000美元。国际经验表明，当一国人均国内生产总值达到1000美元，即意味着经济社会发

展进入到了一个新的关键阶段。

为什么说人均GDP达到1000美元经济社会发展将进入一个关键阶段呢？

一是在这个阶段经济结构变化深刻，技术进步、产业升级、城市化进程加快，第一、第二产业比重明显降低，第三产业处于加速发展的转折点。如果我们能够顺利实现经济结构的优化和转型，经济发展就会跃上一个新的台阶，否则就有可能停滞不前。

二是在这个阶段城乡之间、区域之间、产业之间以及占有资源不同的人群之间的收入差距还会拉大，而随着收入提高及差距拉大，各种利益关系会越复杂，如果处理不当，就会引发社会不稳定。世界上有一些国家，像拉丁美洲和东南亚一些国家都是在这一阶段出现了经济停滞，甚至社会动荡，结果使发展受到了延误。

三是在这一阶段，社会消费升级而且日益多样化，而经济发展是一个渐进过程，满足人们需求也有个过程，与此同时人们对政治生活参与的要求也日益提高，而新的制度体系的完善和定型还需要一个较长的过程。如果我们的政策不适当，把人们的口味调得过高而发展又跟不上，新的体制、机制衔接不及时、不到位，这就可能产生社会无序、行为失范、社会危机等问题。

事实上，在这个阶段由于经济总量比过去大得多，粗放式的增长方式还没有根本转变，资源消耗增加，特别是像我们国家由于资源相对短缺，对国外资源和国际市场的依赖程度加强，这样就会使来自国际的经济额差提高，而且成常态化。现在我国的许多大中消费的战略性资源对国际市场的依存度已经很高，比如2006年我国所消耗的铁矿石、氧化铝的50%，铜资源的60%，原油的30%都是需要依赖进口解决的，由于我国铁矿石的进口占了世界铁矿石销售的一半，所以2006年世界上铁矿石连续三次涨价。历史上日美经济的强烈摩擦，最终使日元大幅度升值，使日本陷于10年的经济低迷状态。世界范围内在这个发展阶段上的经验、教训是值得我们认真总结和汲取的。

总之，我国人均国民生产总值从1000美元向3000美元跨越的这样一个阶段，对我国的发展来说是一个十分重要的阶段。在这个阶段，全国各级领导干部都要牢固树立和认真落实科学发展观，只有这样我们才能为妥善应对和解决经济社会发展中的很多矛盾提供正确的指导思想和基本原则，从而有助于我们认识和把握经济社会发展的矛盾全局，有助于我们坚持与时俱进、审时度势、因势利导，顺利实现全面建成小康社会的宏伟目标，不断开创我国现代化建设事业的新局面。

四、树立和落实科学发展观是提高党的执政能力和执政水平的迫切需要

牢固树立和认真落实科学发展观同提高党的执政水平、领导水平，提高全党同志特别是领导干部的执政能力有着密切的内在联系。我们说发展是执政兴国的第一要务，各级党委和领导干部要不辱使命，不负重托，特别是切实提高执政能力就必须解决好发展问题。而要解决好发展问题，就需要我们树立和落实科学发展观，因此我们要把树立和落实科学发展观，提高科学发展的能力作为我们党提高能力的一个重要方面，通过树立和落实科学发展观来进一步解决提高党的执政能力的问题，解决好新时期我们党的建设问题。

树立和落实科学发展观，关系党和国家工作的大局，关系中国特色社会主义事业的长远发展，对于全面建成小康社会和实现现代化具有十分重要的指导意义。我们一定要把思

想统一到科学发展观上来，统一到中央的决策和要求上来，自觉地用科学发展观指导各项工作，推进各项事业，实现经济社会又好又快地发展。

第二章　科学发展观的第一要义是发展

发展是当代中国的主题。科学发展观是用来指导发展的，不能离开发展这个主题。离开了发展，科学发展观就成了无源之水、无本之木。科学发展观的第一要义是发展，是基于我国社会主义初级阶段基本国情，基于人民过上美好生活的深切愿望，基于巩固和发展社会主义制度，基于巩固党的执政基础、履行党的执政使命做出的重要结论。深入贯彻落实科学发展观，关键是要紧紧抓住发展这个第一要义，促进经济社会又好又快发展。

第一节　发展对于坚持和发展中国特色社会主义具有决定性意义

中国特色社会主义是靠发展来不断巩固和前进的。社会主义的优越性归根到底要体现在她的生产力比资本主义的发展得更快一些，更高一些，否则，就没有说服力。像中国这样经济文化比较落后的国家建设社会主义，更需要采取一切有效手段，大力发展生产力，实现全国各族人民的共同富裕。这是中国特色社会主义兴旺发达的根本前提。

发展是人类历史的必然。马克思主义认为，人类社会的历史就是生产力不断发展的历史。钻木取火照亮了从猿到人的历程，铁犁和铁刀开启了农耕文明的道路，蒸汽机的呼啸奏响了大工业时代的号角，计算机的键盘敲出了信息时代的强音。生产力的发展最终决定着社会面貌的变化、社会结构的更新和社会文明的进步。历史不会停滞，实践不会停滞，发展也不会停滞。

发展是当今时代的主题。当今世界发展是全局性、战略性的问题。尽管局部战争硝烟时起，但和平与发展仍是时代的主旋律。维护和平，促进发展，追求进步，是世界各国人民的共同愿望。进入21世纪，人类社会正在经历深刻变革，世界范围内经济实力和综合国力竞争空前激烈。这场全球范围的大竞争，任何国家、任何民族都必须面对、不能回避。

历史一再表明，抓住机遇加快发展，落后的国家和民族就可能实现发展的新跨越，走在时代前列；丧失发展机遇，原本强盛的国家和民族就可能成为时代的落伍者。能不能抓住新机遇、解决新问题、实现新发展，是对我们党的执政能力的重大考验，也是对我们民族凝聚力和创造力的重大考验。紧紧抓住并切实用好重要战略机遇期，奋力在这场大竞争中取得主动，发展壮大自己，是我们立于不败之地的根本所在，是中国共产党人对国家、对民族、对人民必须肩负起来的历史责任。

发展是解决中国所有问题的关键。只有紧紧抓住和搞好发展，才能从根本上把握人民的愿望，把握社会主义现代化建设的本质，把握我们党执政兴国的关键。坚持以发展为主题，用发展的眼光、发展的思路、发展的办法解决前进中的问题，是改革开放以来我们的一条重要经验。

邓小平强调："发展才是硬道理。""中国解决所有问题的关键是要靠自己的发展。"

江泽民强调："能不能解决好发展问题，直接关系人心向背、事业兴衰。""离开发展，坚持党的先进性、发挥社会主义制度的优越性和实现民富国强都无从谈起。"

改革开放以来，我国现代化建设之所以取得举世瞩目的历史性成就，我们党之所以能不断巩固和扩大党执政的群众基础，我们之所以能战胜来自国际国内的各种困难、风险和挑战，发展了中国，发展了社会主义，发展了马克思主义，都与始终抓住发展这个根本问题密切相关。今后，我们要不断提高人民生活水平，解决经济和社会生活的各种矛盾，维护社会稳定，实现全面建成小康社会和现代化建设第三步战略目标，要靠发展；增强国防实力，维护国家安全，要靠发展；履行维护世界和平与促进共同发展的责任，在风云变幻的国际局势中立于不败之地，也要靠发展。

继续推进中国特色社会主义伟大事业，必须深刻领会第一要义，始终贯穿第一要义，切实抓好第一要义。胡锦涛强调："发展是解决中国一切问题的'总钥匙'，发展对于全面建成小康社会、加快推进社会主义现代化，对于开创中国特色社会主义事业新局面、实现中华民族伟大复兴，具有决定性意义。"

进入新世纪，我们面临着新的更大的发展机遇，具体表现在：

一是中国进入了全面建成小康社会，加快推进社会主义现代化建设的新阶段。今后一二十年更是中国经济发展的关键时期，是中国实施第三步发展战略、全面建成小康社会的关键时期。

二是加入世界贸易组织，我国将在更大范围和更大程度上参与经济全球化，对外开放进入新阶段，我们可以更好地利用国际国内两种资源、两个市场。

三是国际格局发生了深刻变化。我国成为世界格局中的重要因素，在维护世界和平稳定、推进建立公正合理的国际政治新秩序中发挥着不可替代的重要作用。这使得中国的分量在加重，在国际事务中的地位进一步提高。

四是我们面临第三轮全球产业结构大调整的新机遇。我们可以利用世界产业结构调整的大背景，积极调整我国的产业结构，改造传统产业，发展高新技术产业，带动经济发展。我们的现代化在面临工业化与信息化双重使命的同时，也迎来了工业化与信息化的双重机遇。

五是改革进入了新阶段。当前，我国面临深化改革的艰巨任务，但也孕育着以改革促发展的新机遇和新生长点。加快重要领域和关键环节的改革开放步伐，就可以促进国民经济和各项事业新的更大发展，就可以为进一步实现科学发展提供强大动力和体制保障。

胡锦涛指出："中国过去三十年的快速发展，靠的是改革开放；中国未来的发展，也必须靠改革开放。"加快改革步伐，将使中国焕发出新的生机和活力。我们要在科学发展观的指导下，紧紧抓住21世纪头20年这个可以大有作为的战略机遇期，集中力量，加快发展。

第二节 发展必须以经济建设为中心

在树立和落实科学发展观、积极探索中国改革与发展之路的过程中，经济建设始终是发展的基础和重点。不论过去、现在还是将来，我们都要牢固树立抓住机遇、加快发展的战略思想，始终坚定不移、毫不动摇，紧紧抓住经济建设这个中心，聚精会神搞建设，一心一意谋发展，推进经济、政治、文化建设，实现经济发展和社会全面进步。科学发展观强调第一要义是发展，就是要牢牢抓住经济建设这个中心，聚精会神搞建设、一心一意谋发展，不断解放和发展社会生产力，为发展中国特色社会主义奠定坚实的物质基础。

一、坚持以经济建设为中心，大力发展生产力是社会主义的本质要求

关于社会主义的本质，我们以前曾有过许多片面甚至是

错误的认识。这些片面甚至错误认识主要是在理解社会主义的本质时，过分强调生产关系的社会主义性质，而忽视起决定作用的生产力，没有把生产力放在应有的位置上，不自觉地在一定程度上偏离了唯物史观。在这些片面甚至是错误认识的指导下，社会主义的优越性没有得到充分发挥。

邓小平总结了中外社会主义建设的经验，特别是我国社会主义建设的经验，明确指出："社会主义的本质，是解放生产力，发展生产力，消灭剥削，消除两极分化，最终达到共同富裕。"解放生产力、发展生产力是前提，消灭剥削、消除两极分化、最终实现共同富裕是最终目的。没有前提，最终目的就会落空。我们以前犯的错误恰恰是忽视了前提。

邓小平对社会主义本质的概括得来不易。这不仅仅是邓小平个人的总结，更是全党和全国人民对我国几十年社会主义建设经验的总结。所以，社会主义本质问题不单纯是一个理论的问题，在根本意义上它是一个实践问题。自从1956年社会主义改造完成，进入社会主义建设时期以来，我们对社会主义本质的认识往往局限在生产关系的范围以内，特别是强调与资本主义生产关系相对立的一面。这就使得我们没有把精力集中在生产力的发展上，而是一味地强调生产关系的变革，最后在生产力的发展上远远地落后于发达的资本主义国家。

改革开放后，邓小平反复强调要发展生产力，指出只有坚持以经济建设为中心，才是真正的坚持社会主义。他说，近30年来，经过几次波折，始终没有把我们的工作着重点转到社会主义建设这方面来，所以，社会主义优越性发挥得太少，社会生产力的发展不快、不稳、不协调，人民的生活没有得到多大的改善。现代化建设的任务是多方面的，各个方面需要综合平衡，不能单打一。但是说到最后，还是要把经济建设当作中心。离开了经济建设这个中心，就有丧失物质基础的危险。其他一切任务都要服从这个中心，围绕这个中心，决不能干扰它，冲击它。过去二十多年，我们在这方面的教训太沉痛了。邓小平关于坚持以经济建设为中心的真知灼见，足见他认识之深刻、意志之执着。正是在这样的思想指引下，我们才取得了巨大的成就，才抵御住了西方国家的和平演变，经受住了苏东巨变和国内政治风波的冲击。

二、坚持以经济建设为中心，是我国社会主义初级阶段的基本矛盾所决定的

马克思主义认为，物质生产是人类社会生存和发展的基

础，生产力是人类社会发展的最终决定力量；社会主义必须建立在发达的生产力基础上。我国仍处于并将长期处于社会主义初级阶段。社会主义初级阶段的主要矛盾，始终是人民日益增长的物质文化需要同落后的社会生产之间的矛盾，解放和发展社会生产力始终是我们党的中心任务。坚持以经济建设为中心，不仅坚持了马克思主义基本原理，而且抓住了我国现阶段的社会主要矛盾，符合历史进步和我国经济社会发展的客观要求、符合人民群众的新期待。以经济建设为中心，任何时候任何情况下都不能动摇、不能放松。

对我国基本国情的认识是进行建设的前提。只有正确地认识我国的基本国情，才能制定正确的发展战略。

改革开放前，受"左"的思想影响，长期以来我们对我国的基本国情缺乏正确的认识，总的看是在超阶段地进行社会主义建设。即使在党的八大时对基本国情、基本矛盾做出了基本正确的判断，也没能在实际建设过程中贯彻下去。因此，改革开放前二十年的社会主义建设成就不尽如人意。

改革开放后，邓小平领导全党全国人民认识到，我国还处在社会主义的初级阶段。这个初级阶段不仅距离共产主义有着巨大的差距，即使距离马克思、恩格斯设想的作为共产主义低级阶段的社会主义也有巨大的差距。

　　社会主义的初级阶段有两个基本特征。一是我国已经建立了社会主义制度，我们必须坚持这个制度，这解决了走什么路的问题。二是生产力发展水平十分落后，还不能充分满足人民群众不断增长的物质文化需求，还没有为向更高的社会过渡准备充足的物质财富基础。其中生产力的落后是根本特征。所以，从这个意义上邓小平说，老实讲我们的社会主义是不够格的。因为无论从哪个角度讲，社会主义应该具有比资本主义更发达的生产力。

　　党的十三大明确地确立了社会主义初级阶段的理论。以后邓小平也多次提到我国还处在社会主义初级阶段，并指出这个阶段自新中国成立起大约要持续一百年。在这一百年里，我们的中心任务就是以经济建设为中心，大力发展生产力，努力提高人民群众的物质文化生活水平。这个战略必须牢固坚持，抓住不放，否则只能是死路一条。我们仍然处在社会主义的初级阶段，我们刚刚跨过人均GDP1000美元的门槛，这对于我们自身而言，是一个了不起的成绩，但与发达国家相比，差距仍然是很大的，而且发展极度不平衡。所以，我国现在处在社会主义初级阶段的事实没有改变。这就决定了我们还必须坚持以经济建设为中心这个根本战略，决不能改变它。

三、解决发展过程中出现的各种问题和矛盾，也必须坚持以经济建设为中心

毫无疑问，我国在发展过程中出现了一系列问题，而且有些问题还相当严峻，到了不解决就会影响下一步的发展，甚至就会影响到社会稳定、党的执政地位的地步。比如在发展过程中环境日益恶化，许多资源供应紧张，甚至濒临枯竭，集中表现为煤、电、气、油供应普遍紧张，大气、水污染严重等。在社会生活中，出现了比较严重的分配不公，还有相当一部分群众生活处于贫困状态。关键是这些问题的解决还是要靠经济的发展来解决，特别是让群众脱贫、提高生活水平方面更是如此。

目前生态环境恶化，说明经济增长方式有问题，主要是高消耗的粗放式增长模式，这是必须改变的。党和政府一再要求并努力改变经济的增长方式。但是，改变经济增长方式，实行可持续发展战略决不等于要改变以经济建设为中心这个根本战略，而是为了更好地服务于这个根本战略，更好地贯彻这个根

本战略。

坚持以经济建设为中心，必须以高度的历史责任感和现实紧迫感，保持较快的经济发展速度，推动经济持续快速协调健康发展。国家的昌盛，人民的富裕，说到底是经济实力问题。国际竞争，说到底关键是经济实力的竞争。只有加快经济发展，才能不断提高我国的经济实力和综合国力，实现全面建成小康社会的宏伟目标，完成社会主义现代化建设"三步走"的战略任务；才能不断满足人民群众日益增长的物质文化需要，提高人民群众的生活水平，朝着共同富裕的方向不断前进；才能更好地解决经济社会生活中的各种矛盾和问题，增强战胜各种困难、应对各种挑战和抵御各种风险的能力；才能在激烈的国际竞争中始终处于主动地位，更好地维护国家主权和安全，促进世界和平与共同发展。

对于我国来说，能不能保持较快的经济发展速度，不仅是重大的经济问题，而且是重大的政治问题，是关系中国特色社会主义前途命运的问题。经过改革开放30多年来的发展，我国发展水平和经济实力显著提升。2007年我国国内生产总值已经达到24.6万多亿元人民币，居世界第四位，但按人均计算仍属于中低收入国家。党的十七大提出实现全面建设小康社会奋斗目标的新要求，到2020年要实现人均国内生产总值比2000年翻两番。实现这一目标意义深远，任务艰巨。坚定不移地推动经济较快发展，对于全面建成小康社会、加快推进社会主义现代化具有重大战略意义。

社会发展的规律是不以人的意志为转移的。我们选择什么样的发展战略，从表面上看是主体的自我选择，但是选择的正确与否是由实践来回答的。正确的发展战略符合历史发展规律的要求，错误的发展规律违背历史发展的规律。这就从根本上决定了发展战略的选择不是随心所欲的，必须从社会发展的实际状况出发。我国坚持以经济建设为中心的发展战略符合了历史发展规律的要求。

第三节　发展应该是又好又快的发展

科学发展观强调第一要义是发展，是又好又快发展。这是贯彻落实科学发展观、实现全面建成小康社会宏伟目标的必然要求，是调动各方面积极性、发挥各类生产要素潜力的有效途径，是紧紧抓住发展机遇、实现综合国力整体跃升的必由之路。

一、又好又快发展中"好"与"快"的关系

科学发展观所要求的发展，是好中求快，又好又快的发展；是速度与结构、质量、效益相统一的发展；是长期、稳定、可持续的发展。要正确理解和把握好与快的辩证关系，促进国民经济又好又快发展。

又好又快发展是有机统一的整体。"好"与"快"互为条件，既相互促进又相互制约，不能把二者割裂开来和对立起来。又好又快，要求快以好为前提。忽视增长的质量和效益，不惜浪费资源和破坏环境，片面追求一时的高速度，势必会造成大起大落，就不能实现真正的发展。

苏联在20世纪50年代以年均增长速度10%、60年代以7%的高速增长而闻名于世，使苏联仅用了10年时间，便迅速实现了工业化，但这种高速增长是靠传统的单一的速度增长，以牺牲短期的消费和农业为代价的，造成了消费品工业严重萎缩，居民消费的平均水平低于所有的西欧国家，人民生活十分困难，最终酿成了无法挽回的局面。

巴西是拉美第一大经济强国，从20世纪50年代开始，推行"进口替代"的经济模式，依靠大量举债获得了经济的腾飞，

经济年平均增长高达10%，创造了巴西奇迹。在2000年人均GDP就超过3000美元，城市化率达到82%。但随后由于为外债和通货膨胀所困扰，经济一度陷入停顿。

我国经济建设中几次"跃进"式的高速度增长，教训也是十分深刻的。改革开放前25年间（1952年—1977年），经济平均增长速度并不低，但生产率贡献是负数。其主要原因就是在制定经济增长速度时目标定得过高，盲目追求高速度。

改革开放30多年来，我国的经济增长始终保持在年均9%以上的高速度，持续增长造就了中国经济增长的奇迹，并为世人所惊叹。然而我们经济增长的成本却高于世界平均水平的25%。回过头来观察我国经济增长的结果，就会发现一个十分普遍的现象：我国经济的快速增长，是过度依赖资源的高消耗所取得的，我们经济增长模式是高增长、高投入、高消耗、高成本。我们经济发展速度够"快"了，但我们的发展并不"好"，更不"优"。

回顾我们几十年走过的路程，这种粗放型的经济增长方式导致了高投入、低产出，高消耗、低效益，高速度、低质量，给整个国民经济带来的损失是有目共睹的。

总结经验教训，我们可以得出一个结论：我国为发展所付出的代价太大，如果再沿袭过去以大量消耗资源能源和粗放经营为特征的传统的发展模式，连经济增长本身都难以维持，这不仅将祸及子孙后代，也将对当代中国人的生存和发展构成严重的威胁。

经济发展过程表明，当经济发展到一定的规模后，如果经济效率没有随之提高，长期平均成本就会增加，从而导致规模收益递减。因此，到工业化的中后期，适时转换经济增长方式，以集约型的经济增长方式代替粗放型的经济增长方式这是唯一正确的选择。

因此，只有坚持"好"字优先，在好的前提下，才能实现长期持续的快速增长。只有具有较好效益、较高质量的增长，才能促进国民经济持续快速健康发展。提高经济增长效益就是提高单位的投入产出，这就意味着相等的资源投入有更多的产出，或相等的产出来源于更少的投入，意味着剩余产品的增加。只有剩余产品的较快增加和国民收入的较快增长，人民收入增加、物质文化生活水平提高，社会全面进步和发展才有物质基础。

资源是有限的、稀缺的，没有效益或效益较低的、依靠资源高投入实现的经济增长终究要受到资源的制约，是没有前途的。要真正缩小与发达国家的差距，要巩固和完善社会主义制度，增强社会主义制度的吸引力和生命力，要完成祖国统一大业，实现中华民族的伟大复兴，必须要在提高经济效益的基础上实现经济的增长。

同时，快也是好的必要条件。较快增长本身就是较好发展的重要基础。只有保持较快的增长，才能抓住机遇，不断增强经济实力，使经济增长的潜力充分发挥出来，更好地解决发展中存在的矛盾和问题。经济增长速度始终是各国发展不可忽视的一个重要方面。任何一个国家，如果没有一定的经济增长速度，就不可能有物质财富的增长和人民生活的改善，就不会有经济社会的发展，就会拉大与其他国家的差距，落后就要挨打。保持一定的经济增长速度，是推动经济发展的物质基础，是提高经济效益的必备条件，没有一定的经济增长速度便谈不上经济效益。

我国还处于社会主义初级阶段，就国民经济总量而言，我们已经跃居世界前列；就人均国民生产总值而言，我们与发达国家还有巨大的差距。要缩小这种差距，要实现全面建成小康社会的奋斗目标，首先要有较快的发展速度。贫困，是不够格的社会主义，要跳出"贫困陷阱"，保持一定的增长速度是至关重要的。低速度就等于停步，甚至等于后退。

在未来相当长一个时期，保持经济持续高速增长是中国经济发展的基本任务。到2020年，实现GDP再翻两番的目标，人均GDP也翻两番，要求经济必须保持在8％以上的增长速度。这8％的经济增长率中，满足新增人口达到全国平均生活水平需要2个百分点；满足提高经济社会发展水平需要有2个百分点；满足提高现有人口生活水平需要3到4个百分点。因此，保持8％的增长率，这是一个基本限定的底线。同时，转变增长方式、推进结构调整、提高发展质量，都需要有一个不断扩大的总量基础，需要有调整和发展的战略空间，我们不能以降低速度来实现。

这就要求我们必须正确把握并妥善处理当代中国在追求发展上的"好"与"快"的关系，使当代中国的发展成为发展的"好"与"快"相互支持、相互促进并最终实现内在整合的历史进程。

二、如何做到又快又好发展

实现又好又快发展，必须加快转变经济发展方式。这是关系国民经济全局紧迫而重大的战略任务，是提高我国经济国际竞争力和抗风险能力的根本举措，是实现全面建成小康社会奋斗目标的重要保证。由转变经济增长方式到转变经济发展方式，虽然只是两个字的改变，但有着十分深刻的内涵。增长并不等于发展。转变经济发展方式，除了涵盖转变经济增长方式的全部内容外，还对经济发展的理念、目的、战略和途径等提出了新的更高要求。

我国正处于改革发展的关键阶段，也是工业化、现代化的重要时期。能不能适应国际环境的新变化，适应我国发展的新要求，在转变经济发展方式上取得重大突破，关系到我们能不能牢牢把握发展的主动权，能不能在较长时期内继续保持经济平稳较快发展。要深刻认识转变经济发展方式的重大意义，大力推动经济增长由粗放型向集约型转变、由片面追求经济增长向全面、协调、可持续发展转变，不断赢得发展新优势、开创发展新局面。

加快转变经济发展方式，就必须坚持走中国特色新型工业化道路。新型工业化道路是以信息化带动工业化，以工业化促进信息化，工业化和信息化并举的道路。新型工业化道路就是要走科技含量高、经济效益好、资源消耗低、环境污染少、人力资源优势能充分发挥的道路。新型工业化道路就是人力资源优势得到充分发挥和利用的道路。新型工业化道路就是在市场经济条件下，通过市场机制实现资源高效合理配置的道路。

实现又好又快发展，必须推动科技进步，建设创新型国家。科技进步与创新是发展生产的决定因素，是经济和社会发展的主导力量。实施科教兴国战略，推动科技进步和创新，对于提高国民经济整体素质，增强综合国力具有决定性的作用和意义。目前我国经济增长中的科技贡献率不高，技术装备比较落后，产品开发创新能力和科技成果转化率低。不少产品由于品种、规格和质量不能满足需要，不得不大量进口。加快科技进步已经成为促进结构调整，实现社会生产力更高发展的迫切任务。

提高自主创新能力，建设创新型国家，这是国家发展战略的核心，是提高综合国力的关键，是实现又好又快发展的重要途径。必须坚持走中国特色自主创新道路，坚持把增强自主创新能力作为调整产业结构和转变发展方式的中心环节，大力推进原始创新、集成创新和引进消化吸收再创新，着力突破制约经济社会发展的关键技术。

必须按照自主创新、重点跨越、支撑发展、引领未来的要求，加快建设国家创新体系。加快建立以企业为主体、市场为导向、产学研相结合的技术创新体系。大力实施人才强国战略，加快培育创新型科技人才。

必须坚持走中国特色农业现代化道路，建立以工促农、以城带乡长效机制，形成城乡经济社会发展一体化新格局。加强农业基础地位，推进现代农业建设，按照生产发展、生活宽裕、乡风文明、村容整洁、管理民主的总要求，扎实推进社会主义新农村建设。必须坚持走中国特色城镇化道路，坚持大中小城市和小城镇协调发展的方针，按照统筹城乡、布局合理、节约土地、功能完善、以大带小的原则，积极稳妥地推进城镇化。

实现又好又快发展，要坚持城乡和区域经济协调发展战略。改革开放以来，无论是城市还是农村，无论是东部地区、中部地区还是西部地区都有了不同程度的发展。但与城市相比，农村发展相对滞后；与东部地区相比，中西部地区发展相对滞后。城乡之间和区域之间发展差距仍然较大。因此，要转变经济发展方式，提高经济发展质量，就需要坚持城乡和区域协调发展的战略，坚持不懈地实施统筹城乡和区域发展的方针和政策，在继续推进城市化的过程中，扎扎实实建设好社会主义新农村；在鼓励东部地区率先现代化的同时，促进中部崛起、西部开发和东北等老工业基地振兴。

必须坚定不移地扩大国内需求特别是消费需求，努力调整投资和消费关系，把扩大国内需求和合理利用国外需求很好地结合起来，不断增强内需特别是消费需求对经济增长的拉动作用，促进经济平稳较快增长。

实现又好又快发展，要进一步完善社会主义市场经济体制。改革开放以来，我们已经初步建立社会主义市场经济体制，但经济体制改革的任务依然繁重，实现科学发展仍面临诸多体制障碍。要深化对社会主义市场经济规律的认识，从制度上更好地发挥市场在资源配置中的基础性作用，使社会主义市场经济焕发出更加蓬勃的生机活力。

坚持和完善公有制为主体、多种所有制经济共同发展的基本经济制度，毫不动摇地巩固和发展公有制经济，毫不动摇地鼓励、支持、引导非公有制经济发展，坚持平等保护物权，形成各种所有制经济平等竞争、相互促进新格局。

切实加强和改善宏观调控，综合运用财政、货币政策，发挥国家发展规划、计划、产业政策在宏观调控中的导向作用，提高宏观调控的科学性、预见性、有效性，形成有利于科学发展的宏观调控体系。

第三章　科学发展观的核心是以人为本

科学发展观的核心是以人为本，体现了马克思主义历史唯物论的基本原理，体现了我们党全心全意为人民服务的根本宗旨和我们推动经济社会发展的根本目的。深刻理解以人为本，才能深刻理解和全面把握科学发展观，切实把科学发展观贯彻落实到经济社会发展各个方面。

第一节　以人为本的科学内涵

一、以人为本的思想来源

以人为本的观念在历史上源远流长，中国古代就有民本思想，传统民本思想中重民、亲民、爱民乃至为民的观念在中国绵延不绝。

两千多年前的春秋时期，齐国著名政治家管仲最先提出了

"以人为本"的概念。他在《管子·霸业》中说：以人为本，本治则国固，本乱则国危。中国传统的民本思想实际上是一种治国安邦的指导思想，其中著名的有周公的"敬天保民说"，《尚书》的民惟邦本说，孔子的仁政爱民说，孟子的民贵君轻说，荀子的君舟民水说。儒家向来以安邦治国为己任，力图解决民、国、君的矛盾，使君、民的关系得到协调而达到天下大治的目的。民本思想在小国封建社会不可能真正得到实现，但它在客观上有利于缓和阶级矛盾，减轻百姓疾苦。

民本思想在中国传统思想文化中具有非常重要的地位，对我们党治国理政有着借鉴意义。我们今天强调的以人为本，继承了中国古代的民本思想，但又与它存在着实质上的区别。民本思想中的"民"，是相对于"君"、相对于统治者而言的，其本质是为了维护封建统治阶级的统治地位，是实现"得民心、存社稷、固君位、达邦宁"的"驭民"、"治民"之术，其价值取向是君本位而非民本位。毛泽东曾经说过："剥削阶级的'爱民'同爱牛差不多，我们不同，我们自己就是人民的一部分，我们党是人民的代表。"

在西方，以人为本的思想最早可以追溯到古希腊时期。可是在中世纪，神学至高无上，人的地位被神淹没了。到了近代，欧洲文艺复兴掀起人文主义思潮，反对中世纪的神学统治，高扬人的意义和价值，对人的解放发挥了重要作用，有力地推动了新兴资本主义的发展。但是，资产阶级人本思想离开具体的历史条件，离开人的社会性，以抽象的、永恒不变的"人的本性"作为观察社会历史的准绳，作为社会历史发展的动力，陷入了历史唯心主义。它同马克思主义的以人为本的思想根本不同。在资本主义社会生活中，商品拜物教大行其道，"以物为本"成了资本主义社会实际追逐的价值目标，因而"以人为本"往往成了一句口头宣言。

马克思主义继承了以往思想家的积极成果，科学地揭示了人的本质，为实现以人为本奠定了基础。马克思主义十分重视人，深切关心人的解放、人的发展和全人类的前途命运。马克思主义认为，人是一切社会关系的总和，现实的人是社会的人，现实的社会是人的社会。人既是社会历史的"剧作者"，又是社会历史的"剧中人"。人既是社会存在和发展的前提，也是社会发展的结果和目的。人又是一切活动成果最终和最有资格的评价者。无论是思考还是行动，人既是其主角，又是其最终目标。社会发展的核心是人的发展。人的全面而自由的发展是社会发展的最高目标。

我们今天强调的以人为本,坚持了历史唯物主义的基本立场和基本观点,是真正尊重人民群众的历史主体地位,关心人、爱护人、尊重人的价值,将实现好、维护好、发展好最广大人民的根本利益作为执政的出发点和归宿;而中国古代的民本思想和西方的人本主义,则站在唯心史观的立场上,体现了剥削阶级维护自身统治地位的需要。这是它们的根本区别。

二、以人为本的科学涵义

坚持以人为本,树立全面、协调、可持续的发展观,是党中央从新世纪新阶段党和国家事业发展全局出发提出的重大战略思想,反映了我们党对发展问题的新认识。深刻理解以人为本的历史渊源,全面把握以人为本的科学内涵,对于统一思想,提高认识,自觉地用以指导各项工作,实现全面建成小康社会和社会主义现代化建设的宏伟目标,具有十分重要的意义。

以人为本的科学内涵,需要从两个方面来把握。

首先,全面准确理解以人为本中的"人"这个概念。"人"在哲学上,常常和两个概念相对,一个是神,一个是物,人是相对于神或物而言的。因此,提出以人为本,要么是相对于以神为本，要么是相对于以物为本。

西方历史上的人本思想，主要是相对神本思想，主张用人性反对神性，用人权反对神权，强调人的价值放到首位。

中国历史上的人本思想，主要是强调人贵于物，"天地万物，唯人为贵"。而科学发展观中以人为本的"人"，是指人民群众。在当代中国，就是以工人、农民、知识分子等劳动者为主体，包括社会各阶层人民在内的中国最广大人民。

其次是以人为本中的"本"这个概念。"本"有根本、前提、基础之意。提出以人为本，不是要回答什么是世界的本质，人、神、物之间，谁产生谁，谁是第一性、谁是第二性的问题，而是要回答在我们生活的这个世界上，什么最重要，什么最根本。以人为本的本，是最根本的"本"，它相对于"末"，就是说，与神、与物相比，人更重要、更根本，不能本末倒置、舍本求末。以人为本的"本"，就是本源，就是根本，就是出发点、落脚点，就是最广大人民的根本利益。

坚持以人为本，就要始终坚持人民在中国特色社会主义事业中的主体地位，尊重人民首创精神，发挥人民的积极性、主动性、创造性；就要坚持从人民的根本利益出发谋发展、促发展，不断满足人民日益增长的物质文化需要，不断实现好、维护好、发展好最广大人民的根本利益；就要坚持在全体人民根本利益一致的基础上，正确反映和兼顾不同地区、不同部门、不同方面群众的利益，妥善协调各方面的利益关系，走共同富裕道路；就要切实保障人民依法享有各项权益，维护社会公平正义，满足人们的发展愿望和多样性需求，关心人的价值、权益和自由，关注人们的生活质量、发展潜能和幸福指数，体现社会主义的人道主义和人文关怀，促进人的全面发展。

第二节 以人为本体现了立党为公、执政为民的本质要求

一切为了人民，一切依靠人民，是马克思主义政党最鲜明的政治立场。我们党领导人民进行改革开放和现代化建设的根本目的，是通过发展社会生产力，不断提高人民的物质文化生活水平，促进人的全面发展。以人为本是我们党的根本宗旨和执政理念的集中体现，是社会主义制度的本质特征，是全面建成小康社会、实现社会主义现代化的根本要求。

马克思主义认为，人是生产力中最活跃的因素；人民群众是历史的创造者，是推动社会发展的根本力量。胡锦涛指出，

相信谁、依靠谁、为了谁，是否始终站在最广大人民的立场上，是区分唯物史观和唯心史观的分水岭，也是判断马克思主义政党的试金石。

对于马克思主义执政党来说，坚持全心全意为人民服务，立党为公、执政为民，充分发挥全体人民的积极性来发展先进生产力和先进文化，始终是最紧要的。中国特色社会主义事业是全国各族人民实现自己利益、创造美好生活的共同事业，是亿万人民广泛参与的创造性事业。广大人民是中国特色社会主义事业的主体，人民的积极性、主动性、创造性的充分发挥，是我们事业兴旺发达的根本保证。我们推动科学发展，根本目的就是要坚持尊重社会发展规律与尊重人民历史主体地位的一致性，坚持为崇高理想奋斗与为最广大人民谋利益的一致性，坚持完成党的各项工作与实现人民利益的一致性，坚持保障人民权益与促进人的全面发展的一致性，做到发展为了人民、发展依靠人民、发展成果由人民共享。

我们党的根基在人民、血脉在人民、力量在人民。党的一切奋斗和工作都是为了造福人民，除了最广大人民的根本利益，没有自己的特殊利益。党和政府的全部任务和责任，归根到底都是为了实现好、维护好、发展好最广大人民的根本利益。必须始终坚持人民的利益高于一切，始终做到权为民所用、情为民所系、利为民所谋，始终把实现好、维护好、发展好最广大人民的根本利益作为我们一切工作的最高标准，作为贯彻落实科学发展观的根本出发点和落脚点。必须切实把立党为公、执政为民的要求具体地、深入地落实到党和国家制定的各项方针政策中去，落实到各级领导干部的思想和行动中去，落实到关心群众生产生活的工作中去。

第三节　如何做到以人为本

一、坚持发展为了人民、发展依靠人民、发展成果由人民共享

坚持以人为本，要把解决人民群众自身利益的问题放在首位，在治国理政的过程中充分体现和代表人民的意愿，坚持发展为了人民、发展依靠人民、发展成果由人民共享，不断让人民群众得到实实在在的利益，使全体人民朝着共同富裕的方向稳步前进。

首先，坚持发展为了人民。坚持发展为了人民，就是要把

实现好、维护好、发展好最广大人民的根本利益，作为党和政府一切方针政策和各项工作的根本出发点和落脚点，坚持用人民拥护不拥护、赞成不赞成、高兴不高兴、答应不答应来衡量一切决策，把发展的目的真正落实到满足人民需要、实现人民利益、提高人民生活水平上。

要在经济社会发展的各个环节、各项工作中体现和保障人民群众的利益。

经济建设，要着眼于创造更丰富的社会物质财富，改善人民生活、提高人民生活水平。

政治建设，要着眼于保障人民当家做主的权利和合法权益，不断发展社会主义民主、健全社会主义法制。

文化建设，要着眼于满足人民精神文化需求，提高人民精神生活质量，不断丰富人们的精神世界、增强人们的精神力量。

社会建设，要着眼于协调好各方面的利益关系、增强全社会的创造活力，不断建设全体人民各尽其能、各得其所而又和谐相处的社会。

党的各级领导干部，要把为人民服务作为最高追求，在任何时候任何情况下都要把最广大人民的根本利益放在首位。要做到心里装着群众，凡事想着群众，工作依靠群众，一切为了群众，时刻把人民群众的安危冷暖放在心上，深怀爱民之心，恪守为民之责，善谋富民之策。要从群众最关心、最迫切需要解决的实际问题入手，急群众之所急，想群众之所想，办群众之所需，倾听群众呼声，体察群众情绪，反映群众诉求，关心群众疾苦，为群众诚心诚意办实事，尽心竭力解难事，坚持不懈做好事。

其次，坚持发展依靠人民。坚持发展依靠人民，就是要承认和尊重人民群众在整个社会发展过程中的主体地位。社会发展规律是由无数人的活动形成合力作用的结果。广大人民群众是社会发展的主体，对社会发展起着推动作用。

社会发展的过程，首先是物质生产的发展过程，也是从事物质生产的劳动者即广大人民群众的实践发展过程。物质生活是制约整个社会生活、政治生活和经济生活的决定性力量。以人民群众为主体的社会实践活动，能够大大推动社会的发展与进步。因此，坚持以人为本，就是要承认和尊重人民群众在整个社会发展过程中的主体地位，充分发挥他们在建设中国特色社会主义和全面建设小康社会过程中的积极性、主动性和创造性。无论是促进先进生产力的发展，还是促进先进文化的发展，都必须充分尊重和发挥人民群众的主体性与主体作用。

党和国家的事业，只有得到人民群众的真心支持和拥护才能取得成功；各项方针政策和工作部署，只有得到人民群众的真心支持和拥护才能切实贯彻执行。要充分发挥人民群众中蕴藏着的巨大智慧和创造力，使我们的改革和建设事业获得最广泛最可靠的群众基础和最深厚的力量源泉。要激发和调动各方面的积极性，要团结为祖国富强贡献力量的社会各阶层人们，对他们的创业精神都要鼓励，对他们的合法权益都要保护，对他们中的优秀分子都要表彰，把全民族的意志、智慧和力量凝聚到伟大事业中来。

要坚持从群众中来、到群众中去的群众路线，牢固树立人民群众是历史创造者的观点、虚心向人民群众学习的观点、竭诚为最广大人民谋利益的观点、干部的权力是人民赋予的观点、对党负责和对人民负责相一致的观点。要切实转变思想作风和工作作风，经常深入基层、深入群众、深入实际，认真作好调查研究，及时发现和总结人民群众创造的新鲜经验，坚决防止和克服形式主义、官僚主义。要切实改进领导方式和领导方法，坚持和完善联系群众的制度，坚持和完善各项办事制度，拓宽反映社情民意的渠道，保证人民当家做主的各项权利。

再次,坚持发展成果由人民共享。坚持发展成果由人民共享,就是要把改革发展取得的各方面成果,体现在不断提高人民的生活质量和健康水平上,体现在不断提高人民的思想道德素质和科学文化素质上,体现在充分保障人民享有的经济、政治、文化、社会等各方面权益上,让经济社会发展的成果惠及全体人民。

坚持发展成果由人民共享,是坚持发展为了人民、发展依靠人民的具体体现和最终目的。如果发展的成果没有或很少被最广大人民享受到,发展为了人民就会落空,发展依靠人民就没有基础。在整个改革开放和现代化建设过程中,一定要使人民群众得到应该得到的、看得见的物质利益,而且随着经济的发展不断有所增加,努力使工人、农民、知识分子和其他群众共同享受到经济社会发展的成果。

党的十一届三中全会以来,我国改革开放取得丰硕成果,人民群众的生活总体上达到小康水平,城乡居民收入稳步增长,人民物质生活质量不断提高,精神文化生活日益丰富多彩,各种权益依法得到保障,广大人民群众投身改革开放和现代化建设的积极性极大提高。

同时,要清醒地看到,随着社会主义市场经济的深入发展和社会结构的深刻变革,不同地区和部门、不同群体和个人享受经济社会发展成果的多少有所不同,物质文化生活的改善程度也是有差异的,就业、收入分配、社会保障、看病、子女上学、生态环境保护、安全生产、社会治安等方面的问题成为广大人民群众关注的热点问题。这些问题如果得不到有效解决,就不利于最大限度地激发和调动广大人民群众的积极性,就会影响经济社会发展,影响安定团结的大局。

要从人民群众最关心、最直接、最现实的利益问题入手,切实做好扩大就业、完善社会保障的工作,千方百计增加就业岗位,加快完善与经济发展水平相适应的社会保障体系,不断扩大覆盖面。大力发展教育事业,切实做好保障义务教育的工作,加大对农村义务教育的投入,坚决纠正教育领域乱收费现象,切实减轻群众的教育负担。切实改进公共卫生服务,积极推广新型农村合作医疗制度,推进城市社区医疗发展,逐步解决群众看病难、看病贵问题。大力加强社会治安防控体系建设,依法打击各种犯罪活动,坚决维护社会稳定,切实保障人民群众生命财产安全。切实做好安全生产工作,严格落实安全生产责任制,强化对食品、药品、餐饮卫生和交通安全等的监管，尽快扭转事故多发状况。进一步健全动物疫病防控体系，切实保障人民群众的生命健康安全。

二、把促进经济社会发展与促进人的全面发展统一起来

经济社会发展是人的全面发展的前提和条件，没有经济社会的发展，人的全面发展也就失去了基础和保障。人的全面发展是经济社会发展的根本目的，离开了人的全面发展，经济社会发展就失去了目标和动力。人的全面发展和经济社会发展是相互协调、相互促进的，人越全面发展，社会的物质文化财富就会创造得越多，人民的生活就越能得到改善；而物质文化条件越充分，越能促进人的全面发展。

马克思主义认为，人类社会必然走向共产主义。实现物质财富极大丰富、人民精神境界极大提高、每个人自由而全面发展的共产主义社会，是马克思主义崇高的社会理想。实现共产主义是一个非常漫长的历史过程，只有在社会主义社会充分发展和高度发达的基础上才能实现。要立足我国正处于并将长期处于社会主义初级阶段这个实际，脚踏实地地为实现党在现阶段的基本纲领而不懈奋斗。

以人为本坚持了马克思主义的社会理想，同时又为实现远大理想和最终目标指明了现实途径。坚持以人为本，就要把促进人的全面发展作为经济社会发展的最终目的，既着眼于人民现实的物质文化生活需要，又着眼于促进人民素质的提高，把促进人的全面发展落实到经济社会发展的全过程，贯穿到各项工作中去。要在经济社会不断发展的基础上，不断提高人的素质和能力，通过不断提高人的素质和能力，不断推进经济社会的发展。

实现人的全面发展，受到生产力发展水平和社会现实条件的制约，是一个长期的、渐进的过程，不能超越经济社会发展阶段。只有随着社会财富的不断增加和社会文明的持续进步，人民群众的需要才能日益充分地得到满足，人的全面发展才能日益充分地得到实现。要从基本国情这个最大的实际出发，做到既增强工作的紧迫感，以只争朝夕的精神抓住机遇加快各项事业的发展，不断满足人们的多方面需求，不断促进人的全面发展，又充分考虑现阶段的实际情况。要坚持从具体事情做起，把促进人的全面发展落实到经济、政治、文化、社会建设的各个方面，推进经济社会全面进步。

第四章　科学发展观的基本要求和根本方法

党的十七大报告强调,科学发展观的基本要求是全面、协调、可持续,根本方法是统筹兼顾。这是从全局的高度把握中国特色社会主义事业的重要体现,反映了我们党对现代化建设规律的深刻认识,揭示了把科学发展观贯彻落实到各个方面的切入点和根本途径。

第一节　全面、协调、可持续是科学发展观的基本要求

对全面、协调、可持续基本要求的认识,是我们党根据马克思主义基本原理探索社会主义现代化建设规律,在实践中逐步形成并不断深化的。马克思主义经典作家认为,未来理想社会是社会生产力高度发达和人的精神生活高度发展的社会,

是人与人和谐相处、人与自然和谐共生的社会。马克思指出："社会化的人，联合起来的生产者，将合理地调节他们和自然之间的物质变换，把它置于他们的共同控制之下，而不让它作为盲目的力量来统治自己；靠消耗最小的力量，在最无愧于和最适合于他们的人类本性的条件下来进行这种物质变换。"全面、协调、可持续的基本要求既强调了经济社会发展各个方面相联系、相协调，也强调了人与人、人与社会、人与自然相联系、相协调，坚持了马克思主义关于人类社会发展的基本观点。

一、坚持全面、协调、可持续是我国经济社会发展的必然要求

全面、协调、可持续基本要求具有丰富的内涵。

全面发展就是要坚持以经济建设为中心，全面推进经济、政治、文化、社会建设，实现经济发展和社会全面进步。一定社会的经济、政治和文化，总是相互依存、相互贯通、相互作用的。经济发展在任何时候都是社会以及其他一切方面发展的基础，只有始终不渝地坚持以经济建设为中心，才能为全面、协调、可持续发展打下坚实的物质基础，才能更好地解决

前进道路上的各种矛盾和问题。

协调发展就是要统筹城乡发展、统筹区域发展、统筹经济社会发展、统筹人与自然和谐发展，统筹国内发展和对外开放，促进政治、经济、文化、社会建设的各个环节、各个方面相协调，促进生产关系与生产力、上层建筑与经济基础相协调。

可持续发展就是既要考虑当前发展的需要，又要考虑未来发展的需要，促进人的发展与自然的和谐，经济发展与人口、资源、环境的和谐，努力实现从单纯追求发展数量的发展模式到注重发展质量的可持续发展模式的根本转变。

党的十七大把全面、协调、可持续作为科学发展观的基本要求来强调，反映了现阶段我国经济社会发展的客观要求：

一方面，经过长期发展，我们积累了较为雄厚的物质技术基础，可以在推进全面、协调、可持续发展上有更大作为；另一方面，城乡区域发展不平衡、经济社会发展不协调、经济发展与人口资源环境不适应等问题更加突出地摆在了我们面前。全面、协调、可持续的基本要求，提出了解决城乡、区域、经济社会、人与自然发展不平衡、不协调问题的新思路，指明了我国经济社会发展的正确方向。只有更加自觉地推进全面、协调、可持续发展，才能更好化解对我国发展的各种制约因素，更好推动我国发展进程，确保实现我国发展的战略目标。

二、按照中国特色社会主义事业总体布局全面推进各项建设

坚持全面、协调、可持续基本要求，必须按照中国特色社会主义事业总体布局，坚持以经济建设为中心，不断促进经济发展和社会全面进步。

一方面，必须以经济建设为中心。生产力的发展，是人类社会发展的最终决定力量。我国社会主义初级阶段的主要矛盾，是人民日益增长的物质文化需要同落后的社会生产之间的矛盾，根本任务是发展社会生产力。我们党执政兴国的第一要务是发展，首先是要发展经济。只有不断解放和发展生产力，才能为社会全面进步和人的全面发展提供物质基础。因此，以经济建设为中心任何时候都不能动摇。

另一方面，党的十八大，中央明确提出了中国特色社会主义经济建设、政治建设、文化建设、社会建设、生态文明建设"五位一体"的总体布局，深化了我们党对共产党执政规律、社会主义建设规律、人类社会发展规律的认识。科学发展观所

追求的全面发展，就是要按照中国特色社会主义事业总体布局，以经济建设为中心，全面推进中国特色社会主义经济、政治、文化、社会、生态建设。

经济建设是中国特色社会主义事业发展的物质基础，只有坚定不移地以经济建设为中心，大力发展社会主义社会的生产力，才能为政治、文化、社会、生态建设提供坚实的物质基础。

政治建设是中国特色社会主义事业发展的重要保障。社会主义民主政治是坚持党的领导、人民当家做主、依法治国的有机统一，发展社会主义民主政治是我们党始终不渝的奋斗目标。只有积极发展社会主义民主政治，建设社会主义政治文明，才能为经济、文化、社会和生态建设提供坚强的政治保证。

文化建设是中国特色社会主义建设事业发展的精神动力和智力支持。当今时代，文化越来越成为民族凝聚力和创造力的重要源泉、越来越成为综合国力竞争的重要因素。只有大力发展社会主义先进文化，才能为经济、政治、社会、生态建设提供有力的精神支撑；社会建设是经济、政治、文化、生态建设在社会领域的综合体现，只有大力加强社会建设，构建社会主义和谐社会，才能为经济、政治、文化、生态建设提供良好的社会环境。

生态建设为人民创造良好的生产生活环境，为全球生态安全做出贡献，坚持节约资源和保护环境的基本国策，树立和落实科学发展观，就是要坚持社会主义经济建设、政治建设、文化建设、社会建设、生态文明建设"五位一体"，促进经济社会的全面发展。

三、坚持生产发展、生活富裕、生态良好的文明发展道路

坚持全面协调可持续发展的基本要求，贯彻落实科学发展观，就必然要坚持生产发展、生活富裕、生态良好的文明发展道路。文明发展道路是生产、生活、生态的有机统一、良性互动的正确发展道路。

要正确认识生产发展、生活富裕、生态良好是紧密联系、辩证统一的关系。生产发展，是走文明发展道路的基础环节。离开生产发展，社会进步就失去前提，生活富裕也不可能实现。生活富裕，是走文明发展道路的重要体现。不断提高整个社会的物质和精神生活水平，使社会财富得到合理分配，使

全体社会成员共享发展成果，人类文明才能不断进步。生态良好，是走文明发展道路的应有之义。优良的生态环境，可持续的发展方式，人与自然的和谐，是人类文明永续发展的必然要求。

坚持文明发展道路，就要在经济社会发展过程中，把推进生产发展、实现生活富裕、保持生态良好有机统一起来，坚持以生产发展为基础，以生活富裕为目的，以生态良好为条件，努力实现社会经济系统和自然生态系统的良性循环。要按照全面、协调、可持续的基本要求，全面推进中国特色社会主义事业，使社会生产力特别是先进生产力不断发展，国家的经济实力和综合国力不断增强，人们生活质量和富裕程度持续提高，享有的民主权利和法制保障更加充分，精神生活和精神追求更加丰富高尚，社会更加和谐稳定和充满活力，人们在良好生态环境中生产生活。

坚持文明发展道路，是根据我国国情作出的正确抉择。我国人口众多，人均资源占有量少，人均水资源占有量仅为世界平均水平的四分之一，人均耕地不到世界平均水平的二分之一，矿产资源人均占有量只有世界平均水平的二分之一，总体上资源紧缺是我国的一个基本国情。

改革开放以来，我国经济社会发展取得了举世瞩目的成就，但由于经济增长过度依赖资源消耗的传统发展模式，一些地区的经济发展以牺牲环境为代价，造成了比较严重的环境污染和生态破坏。发达国家在上百年工业化过程中分阶段出现了环境问题，而这些问题在我国已经集中出现。特别是随着我国工业化、信息化、城镇化、市场化、国际化深入发展和人口不断增加，能源、水、土地、矿产等资源不足的问题越来越突出。坚持文明发展道路，是应对资源环境问题、实现可持续发展的必然要求，是关系中华民族生存和长远发展的根本大计。

建设生态文明，是党的十七大首次提出的一项重要战略任务，标志着我们党对坚持文明发展道路的认识进一步深化。自然界是包括人类在内的一切生物的摇篮，是人类赖以生存和发展的基本条件。建设生态文明是对传统文明形态特别是工业文明进行深刻反思形成的认识成果，也是在建设物质文明过程中保护和改善生态环境的实践成果。

走文明发展道路，要把建设生态文明放在重要位置。建设生态文明是对传统文明形态特别是工业文明进行深刻反思形成的认识成果。建设生态文明是强调先进的工业文明必须实现人与自然的和谐，使人们在享有现代物质文明成果的同时，又能保持和享有良好的生态文明成果。同时，建设生态文明也是在建设物质文明过程中保护和改善生态环境的实践成果。自然界是包括人类在内的一切生物的摇篮，是人类赖以生存和发展的基本条件。人类历史经验表明，生态兴则文明兴，生态衰则文明衰。辉煌的中华文明与长江、黄河流域的生态状况息息相关，而印度河流域的宜居环境则塑造了古印度文明。人们也不会忘记，曾经盛极一时的古埃及文明、古巴比伦文明、古玛雅文明等之所以由繁荣走向衰败，很大程度上是因为这些地区人与自然的矛盾日益尖锐，导致生态破坏和环境恶化，使得文明淹没在历史的尘埃中。前车之鉴，要时刻牢记。

党的十七大提出了建设生态文明的任务。要坚持以资源承载力为基础、以自然规律为准则、以可持续发展为目标，建设资源节约型、环境友好型社会。正确处理经济建设、人口增长与资源利用、生态环境保护的关系，形成节约能源资源和保护生态环境的产业结构、增长方式、消费模式，努力建设生态良好的国家。

要把经济的发展、生活水平的提高和实现可持续发展有机统一起来。正确处理经济建设、人口增长与资源利用、生态环境保护的关系，坚决禁止掠夺自然、破坏自然的行为，坚决摒弃先破坏后治理、边治理边破坏的做法，实行最严厉的环境保护措施，为子孙后代留下充足的发展条件和发展空间。要把节能减排作为促进科学发展的重要抓手，发展环保产业，加大节能环保投入，开发和推广节约、替代、循环利用和治理污染的先进适用技术，发展清洁能源和可再生能源，建设科学合理的能源资源利用体系。

努力解决影响经济社会发展特别是严重危害人民健康的突出问题，重点抓好水污染防治、城乡饮用水源安全保障、城市大气污染治理、土壤污染治理等，改善城乡人居环境，促进生态修复。让天更蓝、水更清，给子孙后代留下蓝天白云，绿水青山，实现经济社会永续发展。要在全社会进行保护生态环境、建设生态文明的教育，使生态文明的观念在全社会牢固树立。

第二节　统筹兼顾是科学发展观的根本方法

科学发展观的根本方法是统筹兼顾，深刻体现了唯物辩证法在发展问题上的科学运用，深刻揭示了实现科学发展、促进社会和谐的基本途径，深刻反映了坚持全面、协调、可持续发展的必然要求。深入贯彻落实科学发展观，必须坚持运用统筹兼顾的根本方法，善于把握经济社会发展全局，处理好各方面的重大关系。

一、统筹兼顾是社会主义建设的重要经验

统筹兼顾是我们党在长期社会主义建设实践中形成的重要历史经验，是我们处理各方面矛盾和问题必须坚持的重大战略方针，也是我们党一贯坚持的科学有效的工作方法。毛泽东说过："我们的方针是统筹兼顾、适当安排。"邓小平指出："现代化建设的任务是多方面的，各个方面需要综合平衡，不能单打一。""我们必须按照统筹兼顾的原则来调节各种利益的相互关系。"江泽民强调："在推进社会主义现代化建设的过程中，必须处理好各种关系，特别是若干带有全局性的重大关系。""我们所有的政策措施和工作，都应该正确反映并有利于妥善处理各种利益关系，都应认真考虑和兼顾不同阶层、不同方面群众的利益。"我们党关于统筹兼顾的丰富思想，深刻揭示了社会主义建设的内在规律，

具有十分重大的指导意义。

党的十六大以来，党中央深刻总结我国社会主义建设的历史经验特别是改革开放以来的新鲜经验，适应新形势新任务，进一步发展了统筹兼顾的战略思想。强调在现代化建设进程中，要统筹城乡发展、统筹区域发展、统筹经济社会发展、统筹人与自然和谐发展、统筹国内发展和对外开放，使各个方面的发展相适应、相协调。党的十七大把统筹兼顾作为科学发展观的根本方法，进一步提出统筹中央和地方关系，统筹个人利益和集体利益、局部利益和整体利益、当前利益和长远利益，统筹国内国际两个大局，形成了科学发展观关于统筹兼顾的丰富内容。

二、正确认识和妥善处理现代化建设的重大关系

从党和国家全局出发，正确认识和妥善处理现代化建设中的重大关系，是坚持统筹兼顾的必然要求。要坚持统筹全局、兼顾各方，把现代化建设各领域各环节统筹好、协调好，把社会各阶层各群体的利益关系统筹好、协调好，在大力推进经济建设的同时促进政治建设、文化建设、社会建设、生态文明建

设共同发展。

必须正确认识和妥善处理涉及经济社会发展的重大关系，实现经济社会各构成要素的良性互动和协调发展。

要统筹城乡发展，按照形成城乡经济社会发展一体化新格局的要求，贯彻工业反哺农业、城市支持农村的方针，正确处理工业和农业、城市和农村、城镇居民和农民的关系，加大以工促农、以城带乡的力度，使稳妥推进城镇化和扎实推进社会主义新农村建设成为我国现代化进程的双轮驱动，逐步解决城乡二元结构矛盾，努力实现城乡共同繁荣。

统筹区域发展，继续推进国家区域发展总体战略，积极推进西部大开发，全面振兴东北地区等老工业基地，大力促进中部地区崛起，积极支持东部地区率先发展，继续发挥各个地区的优势和积极性，引导生产要素跨区域合理流动和产业合理布局，加强国土规划，推动形成主体功能区，完善区域政策，注重实现基本公共服务均等化，加大国家对欠发达地区财政转移支付力度，大力扶持革命老区、民族地区、边疆地区、贫困地区经济社会发展，逐步形成东中西部相互促进、优势互补、共同发展的新格局。

统筹经济社会发展，进一步发挥政府在促进就业、调节分配、完善社会保障、实现社会公平等方面的作用，加快科技、教育、文化、卫生、体育、社会保障、社会管理等社会事业发展，实现经济发展与社会进步的有机统一。

统筹人与自然和谐发展，坚持节约资源和保护环境的基本国策，处理好经济建设、人口增长与资源利用、生态环境保护的关系，增强可持续发展的能力。

统筹国内发展和对外开放，善于从国际形势发展变化中把握发展机遇、应对风险挑战，统筹利用好国内国际两个市场、两种资源，统筹把握好国内产业发展和国际产业分工，统筹处理好不断完善我国社会主义市场经济体制和参与制定国际经济贸易规则，善于运用我国综合优势，为我国现代化拓展更加广阔的市场空间和提供持久可靠的资源保障。

必须认真考虑和对待各方面的发展需要，正确反映和兼顾各阶层各群体的利益要求，充分调动全社会全民族的发展积极性、主动性、创造性，为推进党和国家事业形成广泛共识、集聚强大力量。

要统筹中央和地方关系，善于发挥中央和地方两个积极性，既坚持全国一盘棋，保证中央政令畅通、令行禁止，又支持地方因地制宜，创造性地开展工作。统筹个人利益和集体利益、局部利益和整体利益、当前利益和长远利益，正确处理最广大人民的根本利益、现阶段群众的共同利益和不同群体的特殊利益的关系，善于兼顾和统筹不同方面的利益要求。

要统筹经济建设和国防建设，在国家经济实力不断增强的基础上，逐步增加国防投入，不断提高国防和军队现代化水平，在全面建成小康社会进程中实现富国和强军的统一。

要统筹国内国际两个大局，高举和平、发展、合作的旗帜，始终不渝地奉行独立自主的和平外交政策，始终不渝地走和平发展道路，始终不渝地奉行互利共赢的开放战略，通过维护世界和平发展自己、通过自身发展维护世界和平，为推动建设和谐世界做出新的贡献。

三、掌握统筹兼顾的科学思想方法

统筹兼顾作为科学发展观的根本方法，深刻反映了科学发展观所集中体现的马克思主义关于发展的世界观和方法论，是辩证唯物主义思想方法在现代化建设中的具体运用，是我们深刻领会和正确运用科学发展观必须把握的精髓和关键。

要牢牢掌握统筹兼顾的科学思想方法，努力提高辩证思维能力，不断增强统筹兼顾的本领，更好地推进科学发展，重点做到以下几方面：

（一）要总揽全局，统筹规划

把中国特色社会主义伟大事业和党的建设新的伟大工程作为一个整体，坚持以经济建设为中心，按照"五位一体"总体布局，全面推进经济建设、政治建设、文化建设、社会建设和生态文明建设，把促进科学发展、社会和谐与加强党的建设有机统一起来，使之相互促进、相互支撑，实现良性互动。坚持以宽广的胸怀把握全局，审时度势、与时俱进；以辩证的思维分析全局，顺势而为、因势利导；以系统的方法谋划全局，瞻前顾后、统筹安排。

（二）要立足当前，着眼长远

把当前发展和长远发展联系起来，既要考虑现在发展需要，又要考虑未来发展需要；既要遵循经济规律，又要遵循自然规律；既要讲究经济社会效益，又要讲究资源和生态环境效益。坚持实现阶段性目标和促进可持续发展的有机统一，满足人民物质文化需要和促进人的全面发展的有机统一。坚决防止急功近利的短期行为，努力实现经济与社会、物质与精神、人与自然的协调发展，保证中华民族世世代代永续发展。

（三）要全面推进，重点突破

把党和国家各项工作看作辩证统一的整体，正确处理中心与全面、重点与非重点的关系，注重加强薄弱环节，善于抓住和解决牵动全局的主要工作、事关长远的重大问题，把工作的着力点真正放到解决改革发展稳定中的重要问题上，放到解决群众生产生活中的紧迫问题上，放到解决党的建设中的突出问题上。努力提高观察形势、分析问题的能力，善于在纷繁复杂的矛盾中抓住根本，在不断变化的形势中把握方向。

（四）要兼顾各方，综合平衡

把经济社会发展看作动态过程，深刻认识平衡是相对的，不平衡是绝对的，把握经济社会发展中平衡与不平衡的辩证关系，既善于调动各方面发展的积极性，鼓励抓住机遇加快发展，又努力实现均衡发展，注重发展的协调性和稳定性。坚持因地制宜，因人制宜，因时制宜，不搞齐步走、一刀切，防止顾此失彼。正确认识和妥善处理重要利益关系，充分考虑不同地区、不同行业、不同群体的利益要求，善于把握各方利益的结合点，使各个方面的利益和发展要求得到兼顾。

第三节　中国特色社会主义事业的总体布局

一、中国特色社会主义"五位一体"的总体布局

"五位一体"总体布局的确立，是当代中国共产党人自觉创新中国特色社会主义建设基本方略所取得的最新成果，为当代中国共产党人夺取中国特色社会主义新胜利，实现全面建成小康社会奋斗目标指明了正确的发展方向，充分说明了当代中国共产党人具有增进人民福祉和实现民族复兴的能力。

党的十八大报告明确指出，为了深入贯彻落实科学发展观，必须"全面落实经济建设、政治建设、文化建设、社会建设、生态文明建设五位一体总体布局，促进现代化建设各方面相协调，促进生产关系与生产力、上层建筑与经济基础相协调，不断开拓生产发展、生活富裕、生态良好的文明发展道路。"

这一科学论断表明以胡锦涛为代表的当代中国共产党人站

在历史和时代的高度，以科学发展观为指导，从当代中国社会的深刻变化和阶段性发展特征出发，对中国特色社会主义建设总体布局做出了"五位一体"的最新规划。因此，理解和把握"五位一体"总体布局的由来及其时代价值，对于贯彻落实党的十八大精神无疑具有重要的现实意义。

（一）总体布局思想的萌芽

中国特色社会主义建设总体布局，是中国特色社会主义建设事业的基本方略。从理论层面上看，它是立足于世情和国情，运用整体性思维方式在宏观上对中国特色社会主义建设事业构成要素及其相互关系的认识和把握；从实践层面上看，是对中国特色社会主义建设实践路径的顶层设计和战略规划。

党的十一届三中全会以来，围绕着建设中国特色社会主义这个主题，以邓小平为核心的党的第二代中央领导集体提出了物质文明建设与精神文明建设二位一体的总体布局思想。党的十三届四中全会以后，以江泽民为核心的党的第三代中央领导集体开辟出从经济、政治、文化三个方面全面认识和建设中国特色社会主义的新思路。

1997年10月，江泽民在党的十五大报告中，以邓小平理论和党的基本路线为指导，围绕着建设富强民主文明的社会主义现代化国家的奋斗目标,系统阐述了党在社会主义初级阶段的基本纲领,明确了建设中国特色社会主义的经济、政治和文化的基本目标和基本要求,实现了中国特色社会主义建设总体布局由"二位一体"到"三位一体"的转变。

(二)"四位一体"总体布局的提出

2004年9月,党的十六届四中全会从全面建设小康社会、开创中国特色社会主义事业新局面的全局出发,根据党的十六大提出的全面建设小康社会要实现"社会更加和谐"的目标要求和"认真研究我国社会生活的新变化和群众工作的新特点"的工作要求,从加强党的执政能力建设的战略高度,在中国共产党历史上第一次明确提出构建社会主义和谐社会的战略任务,使社会建设开始摆在中国特色社会主义建设中更加突出的位置,这是以胡锦涛为代表的中国共产党人,思考中国特色社会主义建设总体布局的发端。

2005年2月,在省部级主要领导干部提高构建社会主义和谐社会能力专题研讨班上,胡锦涛从科学发展观基本要求出发,第一次明确提出:"随着我国经济社会的不断发展,中国特色社会主义事业的总体布局,更加明确地由社会主义经济建设、政治建设、文化建设'三位一体'发展为社会主义经济建设、政治建设、文化建设、社会建设'四位一体'。"

2006年10月，党的十六届六中全会通过的《中共中央关于构建社会主义和谐社会若干重大问题的决定》，明确作出"社会和谐是中国特色社会主义的本质属性"的科学界定，进一步深化了全党对于社会主义本质的认识，为提出构建社会主义和谐社会的战略思想提供了可靠的理论依据，在此基础上把党在社会主义初级阶段的奋斗目标由"富强、民主、文明"三个方面拓展为"富强、民主、文明、和谐"四个方面，并制定出构建社会主义和谐社会的行动纲领。中国特色社会主义建设"四位一体"总体布局最终形成。党的十七大通过的党章把"四位一体"总体布局写入总纲，实现了中国特色社会主义建设总体布局与党的奋斗目标的有机统一。

（三）"五位一体"总体布局的确立

中国特色社会主义建设是在资源环境约束日益加重条件下进行的。全球范围内，资源消耗加剧，生态环境日益恶化，加之中国的基本国情，人均资源占有量少与资源利用率低的矛盾日益成为中国特色社会主义建设面临的主要制约因素。这就促使中国共产党人越来越深刻地认识到中国特色社会主义应该是人与自然和谐相处的社会，生态文明建设是中国特色社会主义科学发展不可或缺的基础和前提，是中国特色社会主义建设总体布局的题中应有之义。

2007年10月，党的十七大报告根据十六大提出的全面建设小康社会要不断增强可持续发展能力和促进人与自然的和谐的目标要求，明确地把"建设生态文明"确定为全面建设小康社会奋斗目标的新要求。从此，生态文明建设开始成为中国特色社会主义建设的重要组成部分。

2012年11月，党的十八大报告进一步把建设社会主义生态文明纳入中国特色社会主义道路的科学内涵，实现了中国特色社会主义建设总体布局由"四位一体"向包括生态文明建设在内的"五位一体"的转变。

党的十八大在中国共产党历史上首次在全国代表大会政治报告中单列篇章全面部署生态文明建设问题，第一次提出"树立尊重自然、顺应自然、保护自然的生态文明理念"的明确要求和"建设美丽中国，实现中华民族永续发展"的奋斗目标。党的十八大还把生态文明建设写入党章，使之成为全党的共同意志和行动指南，向世人昭示了当代中国共产党人开辟社会主义生态文明新时代，积极探索人类文明发展新道路的坚强意志和决心。

(四)"五位一体"总体布局的时代价值

"五位一体"总体布局的确立,是当代中国共产党人自觉创新中国特色社会主义建设基本方略所取得的最新成果。它实现了中国特色社会主义建设总体布局的新拓展和新飞跃,集中体现了当代中国共产党人对马克思主义关于社会主义社会全面发展思想的继承和发展。

"五位一体"总体布局更加充分地反映了中国特色社会主义社会全面发展的内在需要和人与自然和谐共生的客观要求,集中体现了中国特色社会主义建设理论既一脉相承又与时俱进的理论品质。

"五位一体"总体布局的确立,为当代中国共产党人夺取中国特色社会主义新胜利,实现全面建成小康社会奋斗目标指明了正确的发展路径。它反映了当代中国共产党人对于经济建设、政治建设、文化建设、社会建设、生态文明建设五个方面合则皆存、偏则俱失的辩证认识达到了前所未有的新高度,为从根源上解决制约中国特色社会主义建设的各种深层次问题,全面消除中国特色社会主义建设中的"短板"和阻力,提供了有力的保证。

"五位一体"总体布局的确立,充分证明当代中国共产党人充满着道路自信、理论自信和制度自信。它集中体现了当代中国共产党人立党为公、执政为民的政治责任感和历史使命感，生动诠释了当代中国共产党人的根本宗旨和历史使命，显示了当代中国共产党人在复杂的国内外形势下解决各种现实问题的勇气和智慧，展示了当代中国共产党人把握中国特色社会主义建设规律、谋划中国特色社会主义建设新布局、开创中国特色社会主义建设新局面的能力和水平，充分说明了当代中国共产党人具有增进人民福祉和实现民族复兴的能力。

二、把生态文明放在突出地位

党的十八大报告提出大力推进生态文明建设，以独立篇章系统提出了今后五年大力推进生态文明建设的总体要求，并把生态文明建设放在事关全面建成小康社会更加突出的战略地位，纳入社会主义现代化建设总体布局。

十八大报告指出，建设生态文明，是关系人民福祉、关乎民族未来的长远大计。面对资源约束趋紧、环境污染严重、生态系统退化的严峻形势，必须树立尊重自然、顺应自然、保护自然的生态文明理念，把生态文明建设放在突出地位，融入经济建设、政治建设、文化建设、社会建设各方面和全过程，努力建设美丽中国，实现中华民族永续发展。

将生态文明建设放在如此突出、如此重要的地位加以阐述、强调、谋划，这在党的历史上是第一次，具有特别重大的现实意义和深远的历史意义。这进一步昭示出党加强生态文明建设的意志和决心，标志着党对自然规律及人与自然关系再认识取得了重要成果，揭示了党对经济社会可持续发展规律，对当今世界和我国发展大势的深刻把握和自觉认知，并且完整、系统阐述了未来五年我们生态文明建设的理念是什么、方针是什么、途径是什么、具体的目标是什么。

其实从新中国成立开始共产党从没放弃对生态文明建设的探索：

以毛泽东同志为核心的第一代党中央领导集体的探索：结合社会主义建设之初的实践，阐述人与自然关系；植树造林、发展林业；兴修水利、综合利用。

改革开放以来以邓小平同志为核心的第二代领导集体提出了：重视协调人、自然与经济发展之间的关系；依靠科学，保护环境；环境保护要走法治化道路。

以江泽民同志为核心的第三代领导集体的探索：实施可持续发展战略；实施教育和科技优先发展战略；实施西部大开发

战略;走新型工业化道路。

以胡锦涛同志为核心的第四代领导集体的探索:提出科学发展观战略思想;提出构建社会主义和谐社会重大战略任务。在几代领导集体的共同努力下,我国的生态文明建设取得了重大的成果。

第一,生态环境进一步改善。改革开放以来,我国先后实施了"三北"防护林、天然林保护、退耕还林、京津风沙源头治理等重点生态工程。"三北"防护林工程造林2400多万公顷,工程区森林覆盖率提高了1倍。天然林保护工程有效保护天然林9500多万公顷,减少森林资源消耗4.26亿立方米。退耕还林工程造林2600多万公顷,总体上实现了从"沙逼人退"向"人逼沙退"的历史性转变。森林资源持续增长。

国家林业局资料统计显示,我国森林覆盖率已从新中国成立初期的8.6%提高到20.36%。森林面积达到19545万公顷,比改革开放初期增长61%;森林蓄积量达到137亿立方米,比改革开放初期增长34%。

30多年来,我国森林面积和蓄积量实现了持续增长,人工林面积达6169万公顷,居世界第一位,占全球人工林面积的38%。

近年来，我国的环境污染和生态破坏趋势基本得到控制，突出的环境污染问题基本得到解决。城市环境质量、农村环境质量、重点流域、局部地区生态得到明显改善。

第二，生态经济初具规模。生态文明主张以循环生产模式替代线性增长模式，根据资源输入减量化、延长产品和服务的使用寿命、废物再生资源化等原则，把经济活动组织成一个"资源—产品—再生资源—再生产品"的循环流动过程，以最小的资源和环境成本，取得最大的经济社会效益。尤其是党的十七大以来，在科学发展观的指导下，生态经济初具规模，具体表现在：

首先，我国建立了科学合理的能源资源利用体系，大大提高能源资源利用率。这些年，我们作为发展中国家，坚定不移地推进节能减排，在新能源发展方面我们已经步入世界前列。实现了水电装机、太阳能热水器的利用规模、核电在建规模、风电装机的增速四个全球第一。

其次，树立了科学的社会发展观，把循环经济作为新型工业化道路的主导模式。我国循环经济发展已取得积极进展，重点行业单位产值能耗物耗逐步降低，资源循环利用水平和"三废"综合利用率有较大提高，污染物排放得到一定程度的控制,涌现出一批循环经济典型企业、示范园区,循环经济从理念变为行动,在全国范围内得到迅速发展。

再次,生态农业发展取得了可喜成就。经过10多年的发展,我国已有不同类型、不同规模的生态农业试点2000多个,各地开展生态农业建设后粮食总产量增幅15%以上,人均粮食占有量增长21.4%,农业总产值年均增长7.9%,农民纯收入年均增长18.4%。另外生态环境状况也明显改善,水土流失比1990年减少49%,土壤沙化面积减少21%,森林覆盖率增加3.7%。国际组织对我国生态农业建设的这一创新给予高度评价,认为我国已走在世界可持续农业发展的前列。我国生态农业建设的蓬勃发展所显示的无限生命力,证明它已逐步走向成熟,必将促进我国农业和农村经济的可持续发展。

第三,生态旅游发展迅速。生态旅游观念深入人心,生态旅游产业蓬勃发展。据统计,2007年至2012年,全国新建森林公园850处,新增规划面积529.64万公顷,其中新建国家级森林公园283处。到2012年底,我国共建立各类森林公园1928处,总面积达1513.42万公顷,占全国林业用地面积5%以上,其中国家级森林公园总数达627处,面积为1105.15万公顷。森林公园优美的森林风景资源和优良的生态环境,正逐步成为社会公众进行户外游憩、开展生态旅游的理想场所。同时，国家林业局尝试开展的国家花木专类园建设，不仅满足了人们的精神文化需求，也为以花木生产为主的苗圃业探索出一条科研、生产建设与经济效益双丰收的可持续发展之路。

第四，生态文化建设深入人心。生态文化是生态建设的灵魂。我国人民已经确立了环保意识，树立了资源节约型消费观，培育着绿色生产和消费方式。具体表现在：一是在全社会基本上树立并形成了尊重自然、善待生命、节约资源的道德风尚。二是生态文化的内涵不断扩展。生态文化、生态理念融入地方的文化节日和传统节日纪念活动之中，生态文化得到了大力发展。三是全社会深入开展"绿色系列"创建活动，营造环境友好型文化氛围，节约消费、绿色消费、文明消费的观念已经深入人心。

但同时，我国的生态环境仍面临非常严峻的形势。如果说农业文明是"黄色文明"，工业文明是"黑色文明"，300年的工业文明则是以人类征服自然为主要特征。世界工业化的发展使征服自然的文化达到极致；一系列全球性生态危机表明地球再没能力支持工业文明的继续发展。早从20世纪七八十年代，随着各种全球性问题的加剧以及能源危机的冲击，在世界范围内开始了关于"增长的极限"的讨论，各种环保运动逐渐兴起。正是在这种情况下，1972年6月，联合国在斯德哥尔摩召开了有史以来第一次"人类与环境会议"，讨论并通过了著名的《人类环境宣言》。从而揭开了全人类共同保护环境的序幕，也意味着环保运动由群众性活动上升到了政府行为。

当前，我国正处在经济高速发展的工业化、城市化的进程中，发达国家过去一二百年中遇到的各种生态环境问题，我国在短短30多年的发展中就集中暴露出来。可以说，日益严重的环境污染生态恶化已经成为制约我国经济社会可持续发展的最大瓶颈。中国特色社会主义生态文明建设，正是针对我国经济社会发展中日益严重的生态环境问题提出的，是相对于经济建设、政治建设、文化建设和社会建设而言的。目前，我国生态文明建设形势严峻，具体表现在以下几方面：

第一，资源危机。我国能源资源消耗过大，是不争的事实。目前我国与世界先进水平相比，主要产品单位耗能量看，火电供电煤耗比国际先进水平高22.5；每万美元GDP消耗钢材、铜、铝、铅、锌分别是世界平均水平的5.6倍、4.8倍、4.9倍、4.9倍和4.4倍；高消耗、高排放的发展经济方式如果不能从根本上改变，将面临更为严重的资源危机；森林资源缺乏，

2011年清查，我国森林覆盖率率仅为20.36%，仍然低于世界平均水平，属于少林国家，难以抵御自然灾害；我国草场退化，湿地资源减少，野生动植物不少种类处于濒危状态。

第二，环境污染和生态破坏。我国已成为世界上污染最严重国家之一。我国二氧化碳年排放60多亿吨，已位居世界第一；我国1/3国土被酸雨侵害。在559个监测城市中，空气质量达一级标准的只占4.3%，每两天就发生一起水污染事件。许多湖泊蓝藻大暴发，震惊全国。土地荒漠化，我国荒漠化土地面积263.62万平方千米，占国土面积的1/4以上。

第三，水资源匮乏且污染严重。水资源仅为世界平均的1/5，污染使水资源缺乏更严重。七大江河水系中劣五类占41%，城市河段90%遭污染。海河、运河和淮河的有机污染不亚于英国污染最重时期的泰晤士河。全国尚有3亿多农村人口喝不上卫生标准的水。

第四，气候变暖，自然灾害频发。气候变暖，洪涝等各种自然灾害频发。2008年我国南方受到历史上罕见的冰雪灾害，损失惨重。

所以，国家和政府非常重视生态文明建设，从十六大报告提出经济建设、政治建设、文化建设"三位一体"，到十七大提出经济建设、政治建设、文化建设和社会建设"四位一体",并首次提出建设生态文明的理念,再到十八大将大力推进生态文明建设独立成篇,提出社会主义现代化经济建设、政治建设、文化建设、社会建设和生态文明建设"五位一体"的总体布局,这是党的理论体系不断继承创新、科学发展的过程,闪耀着智慧的光芒。

建设生态文明,完全符合经济发展阶段的需要,也符合人民群众的长远根本利益。当前,我们要深刻领会、认真贯彻落实党的十八大会议精神,以科学发展观为指导思想,以生态文明为发展导向,切实负起时代和历史的责任,把祖国建设得更美丽、更富强,努力走向社会主义生态文明新时代。

走向社会主义生态文明新时代,必须树立尊重自然、顺应自然、保护自然的生态文明理念。我们要坚持节约资源和保护环境的基本国策,坚持节约优先、保护优先、自然恢复为主的方针,着力推进绿色发展、循环发展、低碳发展,形成节约资源和保护环境的空间格局、产业结构、生产方式、生活方式,从源头上扭转生态环境恶化趋势,为人民创造良好生产生活环境,为全球生态安全做出贡献。因此,重视生态文明建设,主要表现在以下几方面:

一是要优化国土空间开发格局。要按照人口资源环境相均衡、经济社会生态效益相统一的原则，控制开发强度，调整空间结构，促进生产空间集约高效、生活空间宜居适度、生态空间山清水秀，给自然留下更多的修复空间，给农业留下更多良田，给子孙后代留下天蓝、地绿、水净的美好家园。加快实施主体功能区战略，推动各地区严格按照主体功能定位发展，构建科学合理的城市化格局、农业发展格局、生态安全格局。提高海洋资源开发能力，坚决维护国家海洋权益，建设海洋强国。

二是要全面促进资源节约。要节约并集约利用资源，推动资源利用方式根本转变，加强全过程节约管理，大幅降低能源、水、土地消耗强度，提高利用效率和效益。推动能源生产和消费革命，支持节能低碳产业和新能源、可再生能源发展，确保国家能源安全。加强水源地保护和用水总量管理，建设节水型社会。严守耕地保护红线，严格土地用途管制。加强矿产资源勘查、保护、合理开发。发展循环经济，促进生产、流通、消费过程的减量化、再利用和资源化。

三是要加大自然生态系统和环境保护力度。要实施重大生态修复工程，增强生态产品生产能力，推进荒漠化、石漠化、水土流失综合治理。加快水利建设，加强防灾减灾体系建设。坚持预防为主、综合治理，以解决损害群众健康的环境问题为重点，强化水、大气、土壤等污染防治。坚持共同但有区别的责任原则、公平原则、各自能力原则，同国际社会一道积极应对全球气候变化。

四是要加强生态文明制度建设。要把资源消耗、环境损害、生态效益纳入经济社会发展评价体系，建立体现生态文明要求的目标体系、考核办法、奖惩机制。建立国土空间开发保护制度，完善最严格的耕地保护制度、水资源管理制度、环境保护制度。深化资源性产品价格和税费改革，建立反映市场供求和资源稀缺程度、体现生态价值和代际补偿的资源有偿使用制度和生态补偿制度。加强环境监管，健全生态环境保护责任追究制度和环境损害赔偿制度。加强生态文明宣传教育，增强全民节约意识、环保意识、生态意识，形成合理消费的社会风尚，营造爱护生态环境的良好风气。

第五章　树立和落实科学发展观的根本途径

第一节　坚持"一个中心、两个基本点"的基本路线

党的基本路线是党和国家的生命线，是实现科学发展的政治保证。深入贯彻落实科学发展观，必须始终坚持"一个中心、两个基本点"的基本路线。

党的十一届三中全会以后，我们党系统总结新中国成立以来的历史经验，彻底否定"文化大革命"的错误理论和实践，正确分析社会主义初级阶段基本国情和主要矛盾，顺应时代要求和人民愿望，提出了党在社会主义初级阶段的基本路线，这就是："领导和团结全国各族人民，以经济建设为中心，坚持四项基本原则，坚持改革开放，自力更生，艰苦创业，为把我国建设成为富强、民主、文明、和谐的社会主义现代化国家而

奋斗。"

党的基本路线为党和国家的发展指明了正确方向，为中国特色社会主义事业奠定了根本基础。以经济建设为中心是兴国之要，是我们党、我们国家兴旺发达和长治久安的根本要求；四项基本原则是立国之本，是我们党、我们国家生存发展的政治基石；改革开放是强国之路，是我们党、我们国家发展进步的活力源泉。党的基本路线体现了亿万中国人民的共同意志，是凝聚全党全国人民共同奋斗的政治基础。

以经济建设为中心，是由我国社会主义初级阶段的主要矛盾决定的。以经济建设为中心，是兴国之要，是我们党、我们国家兴旺发达和长治久安的根本要求。党领导人民建设社会主义的主要任务，就要解放和发展生产力，增强综合国力，满足人民群众日益增长的物质文化需要。我们党执政兴国的第一要务是发展，发展首先是以经济建设为中心的发展。只有不断发展社会生产力，才能为经济社会全面进步和人的全面发展提供物质基础，才能更好地解决前进中的矛盾和问题，构建社会主义和谐社会，实现全面建成小康社会的宏伟目标。

四项基本原则是立国之本，是我们党、我们国家生存发展的政治基石。坚持四项基本原则，一要坚持社会主义道路，二要坚持无产阶级专政，三是坚持共产党的领导，四要坚持马列主义、毛泽东思想。这是我们实现四个现代化的根本前提和政治保障。它可以保证一个坚定的政治方向，保证一个团结稳定的环境，保证有统一的意志和统一的行动。

在我国经济文化比较落后的条件下实现社会主义现代化、进行改革开放，是一项崭新的事业；建立社会主义市场经济，是前无古人的伟大创举。这些丰富的实践，赋予四项基本原则以新的内容。这就要求我们坚持四项基本原则，旗帜鲜明地反对资产阶级自由化，坚持人民民主专政，同时还要我们根据实际的变化与要求，赋予它新的内容。四项基本原则是邓小平对我党长期以来积累的经验所作的科学概括，体现了亿万中国人民的共同意志，是不可动摇的立国之本。

党的十七大报告指出：新时期最鲜明的特点是改革开放。改革开放是强国之路，是我们党、我们国家发展进步的活力资源。改革开放的目的就是要解放和发展社会生产力，实现国家现代化，让中国人民富裕起来，振兴伟大的中华民族。在改革开放的历史进程中，我们要把坚持四项基本原则同坚持改革开放结合起来，把尊重人民首创精神同加强和改善党的领导结合起来，把坚持社会主义基本制度同发展市场经济结合起来，把推动经济基础变革同推动上层建筑改革结合起来，把发展社会生产力同提高全民族文明素质结合起来，把提高效率同促进社会公平结合起来，把坚持独立自主同参与经济全球化结合起来，把促进改革发展同保持社会稳定结合起来，把推进中国特色社会主义伟大事业同推进党的建设新的伟大工程结合起来。

事实雄辩地证明，改革开放是决定当代中国命运的关键抉择，是发展中国特色社会主义、实现中华民族伟大复兴的必由之路；只有社会主义才能救中国，只有改革开放才能发展中国、发展社会主义、发展马克思主义。改革开放符合党心民心、顺应时代潮流，方向和道路是完全正确的，成效和功绩是不容否定，停顿和倒退更是没有出路。

毫不动摇地坚持党的基本路线，是由社会主义初级阶段的性质和任务决定的，这是我们党总结实践经验得出的基本结论。坚持党的基本路线不动摇，就要坚持把经济建设这一中心同四项基本原则、改革开放这两个基本点统一于发展中国特色社会主义的伟大实践，任何时候都决不能动摇。

改革开放30多年来，中国特色社会主义之所以能在当今世界的深刻变动中蓬勃发展，成为充满生机活力的社会主义；我们党之所以能够经受住国内外政治风波、经济风险严峻考验，带领全国各族人民排除万难、万众一心，引领中国发展进步、使中国人民稳步走上富裕安康的广阔道路，最根本的，就是因为我们始终毫不动摇地坚持党的基本路线。实践告诉我们：只有坚持党的基本路线不动摇，才能真正得到人民的信任和拥护，才能确保中国特色社会主义的航船始终沿着正确方向破浪前进。

在新的历史起点上，深入贯彻落实科学发展观，夺取全面建成小康社会新胜利，开创中国特色社会主义事业新局面，必须一以贯之地坚持党的基本路线，始终坚持以经济建设为中心，发展社会主义市场经济、发展社会主义民主政治、发展社会主义先进文化、构建社会主义和谐社会，努力建设富强、民主、文明、和谐的社会主义现代化国家。我们必须始终铭记邓小平的谆谆教诲，"基本路线要管一百年，动摇不得。"要更加自觉、更加全面地贯彻党的基本路线，牢牢把握以经济建设为中心同四项基本原则、改革开放这两个基本点之间相互贯通、相互依存、不可分割的辩证统一关系，坚定不移地把以经济建设为中心同四项基本原则、改革开放这两个基本点统一于发展中国特色社会主义的伟大实践，不为任何风险所惧，不为任何干扰所惑。

第二节 走新型工业化道路，实现经济发展方式的转变

工业化是现代化的基础和前提，其发展水平是国家经济增长和社会进步的重要体现。随着我国工业发展环境、比较优势和内部动力机制的深刻变化，走中国特色新型工业化道路，推动经济发展方式转变，成为关系我国经济发展全局的战略抉择。

一、中国特色新型工业化道路提出的时代背景和内涵

走新型工业化道路是党中央深刻把握我国经济面临的新课题、新矛盾做出的重大战略决策。首先，走新型工业化道路是提升我国总体实力和国际竞争力的战略要求，是实现经济大国向经济强国迈进的重要途径。其次，走新型工业化道路是由我国人口多、人均资源不足、区域发展不平衡的基本国情决定的。目前，我国人口约占全球的20%，人均耕地、人均水资源

占有量仅分别为世界人均值的2/5和1/4。第三，走新型工业化道路是进入工业化中期后经济社会发展的新特征的客观要求。资源环境压力不断增大，劳动力、土地等生产要素成本快速上升，客观上要求产业价值链同步提升。第四，走新型工业化道路是应对全球化深入发展和国际治理深刻变革的必然选择。经济全球化持续深入发展，国际经济秩序出现深刻变化，既为我国提高在全球范围内的资源配置能力、拓展外部发展空间提供了难得机遇，也对我国利用全球要素资源，培育国际竞争新优势提出了迫切要求。

与发达国家相比，我国推进工业化的时代背景发生了重大变化，不能也无法复制这些国家的工业化道路。原因在于：

第一，发达国家工业化与市场化发展是同步的，而我国工业化是在体制转轨、政府主导型的市场经济条件下加速的，必须注重发挥政府引导和市场机制两种作用。

第二，发达国家是先工业化后信息化，而我国在推进工业化的同时，信息革命浪潮已席卷全球，注定信息化与工业化必须同步推进。

第三，发达国家的工业化是先污染、后治理，再向发展中国家转移，而我国必须注重可持续发展，强调生态环境保护和资源有效利用并举。

第四,发达国家的工业化片面强调机械化和自动化,造成结构失衡和失业率上升等问题,而我国人口众多,必须注重充分就业,兼顾资金技术密集型产业和劳动密集型产业的发展。

第五,发达国家的工业化是在私有制基础上发展起来的,而我国在所有制结构选择上,是以公有制为主体,多种所有制经济共同发展的。

新型工业化道路是一个不断创新的过程,大量的实践提供了深刻启示:

第一,以发展现代产业体系为支撑。构建现代产业体系,就是要发展以现代农业为基础,以先进制造业为支柱,以战略性新兴产业为先导,以现代服务业为支撑的产业体系。通过不断调整和优化产业结构,实现由三次产业协同带动经济持续快速增长。

第二,以科技创新为主要动力。只有依靠自主创新和技术进步,才能显著提升我国工业发展水平,加快由"中国制造"向"中国制造+中国创造"转变。

第三,以与信息化融合为主要途径。信息技术的广泛应用有力地推动了生产方式变革,经济增长完全可以建立在信息和知识投入所带来的生产效率提高的基础上。信息化与工业化的深度融合，可以促进资源配置的全面优化，推动工业化在更高水平上发展。

第四，以清洁安全和集约增长为内在要求。走新型工业化道路，必须坚持可持续发展理念，把节约资源放在重要位置，积极推进清洁生产工艺，大力发展节能环保技术，变粗放型为集约型发展。

第五，以充分发挥人力资源优势为出发点。巨大的人口规模，特别是数亿农业人口向非农产业转移的压力，是我国工业化进程中的最大难题。走新型工业化道路，必须处理好资金技术密集型与劳动密集型产业的关系，解决好提高劳动生产率与扩大就业的矛盾。

二、中国特色新型工业化成就瞩目

党的十六大特别是十七大以来，我们不断探索和实践，走出了一条有中国特色的新型工业化道路，实现了从农业大国向工业大国的历史巨变。

工业规模跃居世界第一。新中国成立之初，我国工业总产值仅140亿元，2011年规模以上工业总产值已接近70万亿元。工业生产能力快速扩大,在500余种主要工业产品中,我国有220多种产量位居世界第一。2011年,我国粗钢、水泥、原煤、汽车产量以及造船完工量分别占全球的45%、50%、46%、23%和45%,均居世界第一位。在国际标准行业分类的22个行业中,我国的产值均居世界第一或第二。自1850年以来,经过近一个半世纪的努力,2010年我国又重新回到世界制造业第一大国地位。

目前,我国工业制成品占全球制成品贸易额的14.5%,是世界第一大工业品出口国。我国工业增加值占GDP的比重长期保持在40%左右,对经济增长的贡献率接近50%,是推动国民经济增长的主要动力。

工业结构不断调整优化。通过发挥市场机制和国家政策规划引导作用,坚持以结构调整为主线,逐步实现工业发展速度、结构、质量、效益相统一。坚持抓好技术改造,2009年—2011年中央投资技术改造专项资金560亿元,拉动社会投资近1.3万亿元,拉动倍数26倍,在支持企业应用新技术、新工艺、新设备、新材料,提升工业企业技术水平方面发挥了重要作用。

强化行业准入和淘汰落后产能,"十一五"期间淘汰炼铁能力1.2亿吨、炼钢7200多万吨，焦炭1.07亿吨，水泥3.7亿吨、造纸1130万吨。促进企业兼并重组，2011年钢铁、汽车、船舶行业前10家企业产业集中度分别达到48.6%、82.2%、48.9%。促进产业合理布局，引导东、中、西产业梯度转移，"十一五"期间中西部地区工业增加值占比提高5.8个百分点。

工业自主创新能力明显提升。通过产业政策、财税金融政策的扶持，企业创新能力显著增强。到2011年，依托工业企业设立了127个国家工程研究中心、729个国家级企业技术中心和5532个省级企业技术中心，企业发明专利申请数已占国内发明专利申请总数的53%。信息技术在研发设计、生产过程控制、节能减排、安全生产等领域的应用不断深化。国家级"两化"融合试验区建设和重点行业信息化工作取得初步成效。通过不懈努力，我国在载人航天、探月工程、新支线飞机、大型发电设备、大型液化天然气船、高速轨道交通、第三代移动通信、高性能计算机等领域实现重大技术创新，在世界产业技术竞争中的地位明显提升。

工业化发展成果惠及全民。以人为本、改善民生是走新型工业化道路的出发点和落脚点。工业的发展有力地促进和扩大了就业，2011年底规模以上工业就业人数达9544.7万人，占全国就业总人口的27.5%，与工业相关的服务业就业人数也不断增加。突出企业主体地位，推动建立企业质量管理体系和质量诚信体系，提高工业产品质量，以此作为改善民生、拉动消费和增强国际竞争力的重要举措。

三、走新型工业化道路，致力从工业大国向工业强国转变

走中国特色新型工业化道路，促进工业由大变强是一项长期艰巨的战略任务。我们要按照构建现代产业体系的本质要求，围绕转型升级的关键要素，加快转变工业发展方式。

巩固和发展以工业为主干的实体经济。工业是实体经济的主体。完善鼓励实体经济发展的政策，把创新要素和政策资源更多向实体经济倾斜，增强社会资本投资实业的吸引力和信心。发挥货币信贷政策的引导作用，加强金融政策与产业政策的协调配合，建立健全多层次资本市场，规范重要资源性产品和农产品交易市场，规范股市发展，遏制各种投机行为，引导社会资金进入实体经济。加大对银行、证券、电力、电信、石油等高收入行业和垄断行业工资水平的调控，增加工业第一线

生产工人收入。努力营造鼓励脚踏实地、勤劳创业、实业致富的社会氛围和有利于实体经济发展的社会环境。

实施工业强国战略。加强战略谋划和顶层设计，以国家力量推进工业强国进程。夯实工业发展的"基础能力"，提升基础材料、基础零部件、基础工艺、基础制造装备等研发、设计和制造能力。在整合现有科研资源的基础上，形成工业共性技术的国家研究开发体系。支持企业实施品牌战略，鼓励管理创新和商业模式创新，提升"中国制造"的软实力和在全球市场上的竞争力。积极培养高端产业创新人才和技能人才，在若干重点领域培养更多高层次的行业领军人才。

提升产业创新能力。当前，高端制造、新能源、信息科技、生命科学等领域正在孕育新一轮科技革命。各国纷纷推出以科技创新为核心的国家战略，力求抢占未来竞争制高点。在我国制造业水平与国际差距缩小的情况下，高端和关键核心技术是花钱买不来的。要抓住科技变革的机遇，着力加强自主创新，增强原始创新、集成创新和引进消化再创新能力，加快落实企业技术创新主体地位，加大创新投入，掌握一批具有自主知识产权的核心关键技术和重大装备，加快创新成果转化应用，促进工业走创新驱动的内涵式发展道路。

促进工业绿色低碳发展。全面提升工业的高效清洁安全水平，加大节能减排约束性指标执行力度，引导企业建立自觉自律、持续改进的节能环保管理体系。大力发展循环经济，以工业园区、工业集聚区为重点，构筑链接循环的工业体系。开发低碳技术，优化能源供给结构，促进工业合理布局。发挥市场机制的基础性作用，探索促进资源要素流动的新机制新模式，引导行业和企业形成全过程节约、清洁、循环、低碳的新型生产方式。

推进信息化与工业化深度融合。进一步发挥市场优势和后发优势，将信息化的时代特征与工业化的历史进程紧密结合起来。实施"宽带中国"战略，加快构建新一代国家信息网络基础设施，提高基础支撑能力。进一步加强信息技术对传统产业的改造提升，推动传统生产方式向柔性制造、智能制造、服务型制造等新型生产方式转变。加快推进经济社会领域信息化，充分发挥信息技术在加强和创新社会管理、保障和改善民生中的重要作用。

完善工业发展的体制机制。营造公平竞争环境，促使各类市场主体在统一的市场上处于平等地位，实现共同发展。加快推进垄断行业改革，更好地引入竞争，增强整体经济活力。深入推进国有经济战略性调整，优化国有资本战略布局。完善和落实促进非公有制经济发展的各项政策措施，降低民间资本进入相关行业的门槛。进一步明确"多予、少取、放宽"的政策取向，完善中小企业发展环境。进一步完善工业管理体制，深化大部门体制改革，加快转变政府职能，为坚持走中国特色新型工业化道路提供强有力的体制保障。

走新型工业化道路，实现经济发展方式的根本转变，是一项长期艰苦的任务，不可能一蹴而就。目前，实现经济发展方式的根本转变仍然面临着一些突出的问题。经济发展越来越受到生态环境的制约，越来越受到经济结构不合理、社会发展滞后的制约。当然，这些突出的问题和矛盾都是发展中的问题，发展过程中的问题就要在科学发展的道路上逐步解决，我们应进一步增强贯彻落实科学发展观的自觉性和坚定性，进一步转变发展观念、提高发展质量。走新型工业化道路，我国国民经济必定能够实现又好又快发展。

第三节　构建社会主义和谐社会

社会和谐是中国特色社会主义的本质属性。科学发展和社会和谐相互促进、内在统一，是发展中国特色社会主义的基本要求。没有科学发展就没有社会和谐，没有社会和谐也难以实现科学发展。构建社会主义和谐社会是贯穿中国特色社会主义事业全过程的长期历史任务，是在发展的基础上正确处理各种社会矛盾的历史过程和社会结果。必须把科学发展与社会和谐更好地统一起来，积极构建社会主义和谐社会，努力在科学发展中实现社会和谐，在社会和谐中促进科学发展。

一、科学发展观就是构建社会主义和谐社会的发展观

十六大以来，党中央先后提出了"科学发展观"、"社会主义和谐社会"这两个新概念。它们既有不同的内涵，又有共同的特点。科学发展观作为指导发展的世界观和方法论的集中体现，回答的是"什么叫发展、怎么样发展"这一根本问题；社会主义和谐社会则是关于社会主义社会建设的总目标和总任务，回答的是"什么叫和谐社会、怎样建设和谐社会"的问题。它们要解决的问题和根本要求，都是为了统筹城乡发展、统筹区域发展、统筹经济社会发展、统筹人与自然和谐发展、统筹国内发展和对外开放，也就是要在以人为本、统筹兼顾中

协调好改革进程中的各种利益关系，尤其是协调好经济与社会发展之间的复杂关系，全面推进中国特色社会主义事业的发展。

全面考察这两者关系，可以进一步看到，科学发展观是构建社会主义和谐社会的根本指针和根本保证，同时它也指出了构建社会主义和谐社会的根本途径。

第一，科学发展观是构建社会主义和谐社会的根本指针。党的十八大提出了到2020年全面建成小康社会的历史任务。完成这一任务的关键，一要牢记"机遇"这两个字，即要紧紧抓住本世纪头20年这一重要战略机遇期；二要贯彻落实"全面"这两个字，即要全面建设惠及十几亿人口的更高水平的小康社会。全面建成小康社会，不仅要做到经济更加发展、民主更加健全、科教更加进步、文化更加繁荣、人民生活更加殷实，而且要实现"社会更加和谐"这一重要目标。因此，全面建成小康社会包含了构建社会主义和谐社会的任务，同时也是构建社会主义和谐社会的一个重要阶段。这就决定了科学发展观作为全面建成小康社会的根本指针，也是构建社会主义和谐社会的根本指针。

第二，科学发展观是构建社会主义和谐社会的根本保证。我们要构建的社会主义和谐社会，是民主法治、公平正义、诚信友爱、充满活力、安定有序、人与自然和谐相处的社会。这就要求我们对社会主义的"建设"、"发展"等范畴，有一个全面的理解。根据唯物史观的基本原理，"建设"、"发展"首先指的是经济建设、经济发展；同时，经济的发展不仅会带来政治、文化、社会的进步，而且也需要政治、文化、社会的同步发展和有力支持。因此，我们所讲的"建设"、"发展"等范畴，应该包含经济、政治、文化、社会全面建设、全面发展的含义。党的十六届三中全会提出的科学发展观，特别是它所强调的"五个统筹"，以非常鲜明的态度和语言，阐述了我们所讲的"建设"、"发展"都是全面的建设、全面的发展，满足了实践的要求。因此，树立和落实科学发展观，为构建社会主义和谐社会提供了根本保证。

第三，科学发展观指出了构建社会主义和谐社会的根本途径。社会主义的巩固和发展，需要几代人、十几代人甚至几十代人坚持不懈地努力奋斗。和谐社会作为社会主义的一个属性或特点，伴随着社会主义制度的建立已经形成，同样也需要经过很长的发展过程才能完善和巩固。今天我们提出要构建社会主义和谐社会，既体现了社会主义本质的要求，又具有新的时代特点，这就是，经过30多年改革开放和经济发展，我国从利益关系、经济结构到社会生活出现了一系列"多样化"，进入了人均国内生产总值从1000美元到3000美元这一"黄金发展期"与"风险凸显期"并存的特殊发展时期。在这样的历史条件下，如何构建社会主义和谐社会，是我们需要认真研究的一个大问题。

党中央提出要树立和落实科学发展观的时候，提出了三个重要的理念：一是发展，这是科学发展观的第一要义；二是以人为本，这是科学发展观的核心；三是统筹兼顾，达到全面、协调、可持续，这是科学发展观的根本要求。综合起来，就是要在统筹兼顾中实现以人为本的发展。也就是说，我们在发展中不仅要协调好国民经济内部的各种关系，而且要协调好人与人之间、人与自然之间的各种关系。这就告诉我们，只有坚持科学发展观，才能建设社会主义和谐社会。

树立和落实科学发展观，从当前工作来讲，是为了全面建成小康社会，但是从其理论内涵讲，又不仅仅是为了实现这一近期奋斗目标，而是为了更好地从中国的基本国情出发，按照共产党执政规律、社会主义建设规律和人类社会发展规律，建设好中国特色社会主义，包括构建社会主义和谐社会。正是从这个意义上，我们可以说，科学发展观是我们构建社会主义和谐社会的发展观。

二、在科学发展观统领下构建社会主义和谐社会

（一）增强发展协调性，努力实现经济又好又快发展

构建社会主义和谐社会，很大程度上取决于社会生产力的发展水平，取决于发展协调性。必须始终坚持用发展的办法解决前进中的问题，大力发展社会生产力，不断为社会和谐创造雄厚的物质基础。更加注重解决城乡、区域发展不平衡问题，统筹经济社会协调发展。

根据中国的基本国情，党的十七大提出要提高自主创新能力，建设创新型国家；加快转变经济发展方式，推动产业结构优化升级；统筹城乡发展，推进社会主义新农村建设；加强能源资源节约和生态环境保护，增强可持续发展能力；推动区域协调发展，优化国土开发格局；完善基本经济制度，健全现代市场体系；深化财税、金融等体制改革，完善宏观调控体系；拓展对外开放广度和深度，提高开放型经济水平等具体举措，努力实现经济又好又快发展。

（二）坚定不移发展社会主义民主政治

人民民主是社会主义的生命，我们要积极稳妥推进政治体制改革。要坚持中国特色社会主义政治发展道路，坚持党的领导、人民当家做主、依法治国有机统一，坚持和完善人民代表大会制度、中国共产党领导的多党合作和政治协商制度、民族区域自治制度以及基层群众自治制度，不断推进社会主义政治制度自我完善和发展。具体来说，我们应扩大人民民主，保证人民当家做主；发展基层民主，保障人民享有更多更切实的民主权利；全面落实依法治国基本方略，加快建设社会主义法治国家；壮大爱国统一战线，团结一切可以团结的力量；加快行政管理体制改革，建设服务型政府；完善制约和监督机制，保证人民赋予的权力始终用来为人民谋利益。

（三）加强文化建设，明显提高全民族文明素质

文化越来越成为民族凝聚力和创造力的重要源泉，越来越成为综合国力竞争的重要因素，丰富精神文化生活越来越成为我国人民的热切愿望。加强文化建设，就要建设社会主义核心价值体系，增强社会主义意识形态的吸引力和凝聚力；建设和谐文化，培育文明风尚；弘扬中华文化，建设中华民族共有精神家园；推进文化创新，增强文化发展活力；建立覆盖全社会

的公共文化服务体系，使文化产业占国民经济比重明显提高、国际竞争力显著增强。在此基础上广泛开展和谐创建活动，把构建社会主义和谐社会与创建和谐社区、和谐家庭等群众性精神文明创建活动结合起来，形成我为人人、人人为我的社会氛围，提高全民族的文明素质。

（四）加快发展社会事业，全面改善人民生活

社会建设与人民幸福安康息息相关。必须在经济发展的基础上，更加注重社会建设，着力保障和改善民生，推进社会体制改革，扩大公共服务，完善社会管理，这是构建社会主义和谐社会的必然要求。发展社会事业建设，整合社会管理资源，要优先发展教育，建设人力资源强国；实施扩大就业的发展战略，促进以创业带动就业；深化收入分配制度改革，增加城乡居民收入；加快建立覆盖城乡居民的社会保障体系，保障人民基本生活；建立基本医疗卫生制度，提高全民健康水平；完善社会管理，维护社会安定团结。

（五）构建社会主义和谐，关键在党

在构建社会主义和谐社会的过程中，必须加强党的领导，充分发挥党的领导核心作用。把党的执政能力建设和先进性建设作为主线，坚持党要管党、从严治党，切实贯彻为民、务实、清廉的要求，以坚定理想信念为重点加强思想建设，以造就高素质党员、干部队伍为重点加强组织建设，以保持党同人民群众的血肉联系为重点加强作风建设，以健全民主集中制为重点加强制度建设，以完善惩治和预防腐败体系为重点加强反腐倡廉建设，使党始终成为立党为公、执政为民，求真务实、改革创新，艰苦奋斗、清正廉洁，富有活力、团结和谐的马克思主义执政党。

第四节 建设社会主义新农村

建设社会主义新农村，是贯彻落实科学发展观的重大举措。科学发展观的一个重要内容，就是经济社会的全面、协调、可持续发展，城乡协调发展是其重要的组成部分。全面落实科学发展观，必须保证占人口大多数的农民参与发展进程、共享发展成果。如果我们忽视农民群众的愿望和切身利益，农村经济社会发展长期滞后，我们的发展就不可能是全面、协调、可持续的，科学发展观就无法落实。我们应当深刻认识建设社会主义新农村与落实科学发展观的内在联系，更加自觉、主动地投身于社会主义新农村建设，促进经济社会尽快转入科学发展的轨道。

一、新农村建设的重要意义

农业、农村和农民问题,始终是关系我国经济和社会发展全局的重大问题。当前,我国总体上已发展到了以工促农、以城带乡的发展阶段,初步具备了加大对农业和农村支持保护的条件和能力。借鉴国内外的成功经验,必须加快建设社会主义新农村,实现城乡和农村经济社会的协调发展。

建设社会主义新农村,是提高农业综合生产能力、建设现代农业的重要保障。目前,我国农业生产基础设施和物质技术装备条件较差,经营管理也较粗放。加快建设新农村,发展农业生产力,加强农田基本建设,改良土壤,兴修水利,推广良种良法,发展农业机械化,培养有文化、懂技术、会经营的新型农民,全面提高农业综合生产能力,既是现代农业建设题中应有之义,也是建设现代农业的重要基础和保障。

建设社会主义新农村,是确保我国现代化建设顺利推进的必然要求。国际经验表明,工农城乡之间的协调发展,是现代化建设成功的重要前提。一些国家较好地处理了工农城乡关系,经济社会得到了迅速发展,较快地迈进了现代化国家行列。也有一些国家没有处理好工农城乡关系，导致农村长期落后，致使整个国家经济停滞甚至倒退，现代化进程严重受阻。我们要深刻汲取国外正反两方面的经验教训，把农村发展纳入整个现代化进程，使社会主义新农村建设与工业化、城镇化同步推进，让亿万农民共享现代化成果，走具有中国特色的工业与农业协调发展、城市与农村共同繁荣的现代化道路。

建设社会主义新农村，是全面建成小康社会的重点任务。我们正在建设的小康社会，是惠及十几亿人口的更高水平的小康社会，其重点在农村，难点也在农村。改革开放以来，我国城市面貌发生了巨大变化，但大部分地区农村面貌变化相对较小，一些地方的农村还不通公路、群众看不起病、喝不上干净水、农民子女上不起学。这种状况如果不能有效扭转，全面建成小康社会就会成为空话。因此，我们要通过建设社会主义新农村，加快农村全面建设小康的进程。

建设社会主义新农村，是增加农民收入、繁荣农村经济的根本途径。当前和今后一个时期，增加农民收入，首先必须挖掘农业内部的潜力，提高农业综合效益，实现增产增效、提质增效和节能增效；必须发展以乡镇企业为主体的农村二、三产业，引导农村劳动力向城镇有序转移，拓宽农民的就业空间和增收渠道。

建设社会主义新农村,是发展农村社会事业、构建和谐社会的主要内容。发展农村社会事业,是建设新农村十分重要的组成部分。构建和谐社会,必须首先建设和谐村镇。这就要求我们必须建设社会主义新农村,加快发展农村各项社会事业,全面改善农村教育、卫生、文化等设施条件,逐步改变目前城乡和农村经济社会发展"一条腿长、一条腿短"的问题。

建设社会主义新农村,是保持国民经济平稳、较快发展的持久动力。扩大国内需求,是我国发展经济的长期战略方针和基本立足点。农村集中了我国数量最多、潜力最大的消费群体,是我国经济增长最可靠、最持久的动力源泉。通过推进社会主义新农村建设,可以加快农村经济发展,增加农民收入,使亿万农民的潜在购买意愿转化为巨大的现实消费需求,拉动整个经济的持续增长。特别是通过加强农村道路、住房、能源、水利、通信等建设,既可以改善农民的生产生活条件和消费环境,又可以消化当前部分行业的过剩生产能力,促进相关产业的发展。

建设社会主义新农村,是构建社会主义和谐社会的重要基础。社会和谐离不开广阔农村的社会和谐。当前,我国农村社会关系总体是健康、稳定的，但也存在一些不容忽视的矛盾和问题。通过推进社会主义新农村建设，加快农村经济社会发展，有利于更好地维护农民群众的合法权益，缓解农村的社会矛盾，减少农村不稳定因素，为构建社会主义和谐社会打下坚实基础。

我们要深刻理解建设社会主义新农村战略决策的重大意义，把社会主义新农村建设扎实、稳步地向前推进。

二、新农村建设的要求

2005年10月，中国共产党十六届五中全会通过《十一五规划纲要建议》，提出要按照"生产发展、生活宽裕、乡风文明、村容整洁、管理民主"的要求，扎实推进社会主义新农村建设。这5句话、20个字内容全面、内涵丰富，相互联系、相辅相成，必须全面把握，突出重点，协调推进。

生产发展，是新农村建设的中心环节，是实现其他目标的物质基础。建设社会主义新农村好比修建一幢大厦，经济就是这幢大厦的基础。如果基础不牢固，大厦就无从建起。如果经济不发展，再美好的蓝图也无法变成现实。

生活宽裕，是新农村建设的目的，也是衡量我们工作的基本尺度。只有农民收入高了，衣食住行改善了，生活水平提高了，新农村建设才能取得实实在在的成果。

乡风文明，是农民素质的反映，体现农村精神文明建设的要求。只有农民群众的思想、文化、道德水平不断提高，崇尚文明、崇尚科学，形成家庭和睦、民风淳朴、互助合作、稳定和谐的良好社会氛围，教育、文化、卫生、体育事业蓬勃发展，新农村建设才是全面的、完整的。

村容整洁，是展现农村新貌的窗口，是实现人与环境和谐发展的必然要求。社会主义新农村呈现在人们眼前的，应该是脏乱差状况从根本上得到治理、人居环境明显改善、农民安居乐业的景象。这是新农村建设最直观的体现。

管理民主，是新农村建设的政治保证，显示了对农民群众政治权利的尊重和维护。只有进一步扩大农村基层民主，完善村民自治制度，真正让农民群众当家做主，才能调动农民群众的积极性，真正建设好社会主义新农村。

要深刻理解和准确把握建设社会主义新农村的要求，切实把思想和行动统一到中央的决策和部署上来，用科学发展观统领新农村建设的全过程，确保新农村建设沿着正确的方向不断向前推进。

三、新农村建设的主要任务

（一）必须坚持把发展农村经济放在首位，促进粮食稳定发展和农民持续增收

经济是基础，推进新农村建设必须坚持以经济建设为中心，不断解放和发展农村生产力。不论什么时候、什么地方、什么发展阶段，都必须始终紧紧围绕这个中心。否则，新农村建设就会成为无源之水、无本之木，就会走偏方向。

坚持把发展现代农业、繁荣农村经济作为首要任务，加强农村基础设施建设，健全农村市场和农业服务体系。坚持把发展农业生产力作为建设社会主义新农村的首要任务，推进农业产业结构调整，转变农业增长方式，提高农业综合生产能力和增值能力；加大中央对农村的财政支出，这几年来国家每年在整个农业的投入方面都增加三四百亿，2011年和2010年相比，中央财政用在农业方面的投入增加了422亿元；健全农村市场和农业服务体系，要培育多元化、多层次的市场流通主体，构建开放统一、竞争有序的市场体系，加快发展农村连锁经营、电子商务等现代流通方式。加快建设"万村千乡市场"、"双百市场"、"新农村现代流通网络"和"农村商务信息服务"

等工程。

以促进农民增收为核心，发展乡镇企业，壮大县域经济，多渠道转移农民就业，探索集体经济有效实现形式，发展农民专业合作组织，支持农业产业化经营和龙头企业发展。通过政策调整，农村地区税收制度改革、科技支持等多项措施，重新焕发乡镇企业的活力，壮大县域经济；大力发展以农民自愿参加，农户自主经营为基础，以某一产业或产品为纽带，以增加成员收入为目的，实行资金、技术、生产、购销、加工等专业合作的经济组织。

（二）必须长期稳定农村基本经营制度，保障农民的土地承包权益

坚持农村基本经营制度，稳定和完善土地承包关系，按照依法自愿有偿原则，健全土地承包经营权流转市场，有条件的地方可以发展多种形式的适度规模经营。以家庭承包经营为基础、统分结合的双层经营体制，是亿万农民群众的伟大创造，符合我国国情和农业自身特点，具有广泛的适应性和旺盛的生命力。长期稳定土地家庭承包经营符合农民的根本利益。

因此，我们要稳定和完善家庭承包经营为基础、统分结合的双层经营体制。有条件的地方，可根据依法、自愿、有偿的原则流转土地承包经营权，发展多种形式的适度规模经营，但绝不能违背农民意愿，不顾条件地强制推行。当前在建设现代农业和进行村庄整治中，不能随意调整承包土地、改变承包关系、侵犯农民土地权益。同时，要坚持实行最严格的土地管理制度，严格控制基本建设用地，坚决保护好耕地特别是基本农田，为子孙后代留下足够的生存和发展空间。无论如何，不能建成没有耕地、没有农业的新农村。

（三）必须全面深化农村改革，增强农村发展活力

通过改革解放和发展生产力，是我国推动农业和农村发展的一条重要经验。建设社会主义新农村，同样需要通过深化改革来提供动力和体制保障。要根据完善社会主义市场经济体制和推进社会主义新农村建设的要求，全面深化农村改革，消除制约农村生产力发展的体制机制障碍，全面增强农业和农村发展活力。

深化农村综合改革，推进农村金融体制改革和创新，稳定和完善农村基本经营体制，进一步深化以农村税费改革为主要内容的农村综合改革，加快推进农村金融改革，统筹推进农村其他改革。加快建立适应新农村特点的多层次、广覆盖、可持续的农村金融组织体系，充分发挥商业性金融、政策性金融、合作性金融和其他金融组织的作用。推进农村金融组织创新，调整和放宽农村地区金融机构准入政策，降低准入门槛，积极培育适合农村需求特点的多种形式的小额信贷组织。同时，加强和改进监管，防范风险隐患。大力推进农村金融产品和服务创新，积极发展农业保险。

应当指出，推进乡镇机构改革的重点是转变政府职能，提高社会管理和公共服务水平，更好地为"三农"服务。在推进乡镇机构改革的过程中，要正确处理减人、减事、减支与发挥政府职能的关系，乡镇机构该履行的职责、该提供的公共服务不仅不能削弱，而且还要逐步加强。要加大对县乡政府的一般转移支付力度，落实和完善财政对村级的补助政策，确保农村税费改革后乡村组织正常运转，提高基层公共服务保障水平。

（四）必须逐步扩大公共财政覆盖农村的范围，加大对农业和农村发展的支持力度

建设新农村需要大量投入，应当充分调动各方面的积极性。农村社会事业和基础设施建设的很多方面，都属于公共产品和公共服务的范畴。目前我国总体上已进入以工促农、以城带乡的发展阶段，国家的经济实力、综合国力显著增强，可以拿出更多的财力支持农业和农村发展，让农民更好地分享改革开放和现代化建设的成果。

近几年,国家在这方面开始迈出重要步伐,较多地增加了对农村教育、卫生等社会事业和基础设施建设的投入。今后应按照中央的要求,认真贯彻工业反哺农业、城市支持农村和"多予、少取、放活"的方针,尤其要在"多予"上下功夫,下决心调整国民收入分配格局,把国家基础设施建设投入的重点转向农村,国家财政新增教育、卫生、文化等事业经费主要用于农村,国家基本建设资金增量主要用于农村,逐步加大政府土地出让金用于农村的比重,形成财政支农资金稳定增长机制。

城市应采取多种形式支持农村发展,切实履行市带县、市帮县的责任,推进城市基础设施和公共服务向农村延伸,动员城市有条件的企事业单位对口帮扶,增强城市对农村的辐射带动作用。积极引导社会资金投向农村建设,进一步营造全社会关心、支持、参与新农村建设的浓厚氛围。

(五)必须充分发挥农民的主体作用,调动农民的积极性和创造性

新农村建设造福农民群众,新农村建设必须紧紧依靠农民群众。广大农民群众是推进农村生产力发展最活跃、最积极的因素。充分发挥农民的主体作用、激发农民的创业潜能，尊重农民的物质利益，保障农民的民主权利，是确保新农村建设成功的关键。

要尊重农民群众的首创精神，取消一切束缚农民就业创业的体制机制障碍，努力营造鼓励农民干事业、帮助农民干成事业的良好环境，让亿万农民创造社会财富的潜能得到充分释放，让广大农村丰富的资源、资本和劳动力的活力竞相迸发。

要鼓励广大农民发扬自力更生、艰苦奋斗的优良传统，通过自己的辛勤劳动改善生产生活条件，建设美好家园。动员和组织农民建设新农村，要注重运用规划引导、政策扶持的方法，用好"一事一议"等民主议事的机制，项目决策要经过农民的民主讨论，实施过程和结果要接受农民监督，不能包办代替，不能超越农民承受能力，更不能强迫命令。

培育有文化、懂技术、会经营的新型农民，发挥亿万农民建设新农村的主体作用。建设现代农业，最终需要新型农民。造就建设现代化农业人才队伍，全面提高农村劳动者素质，大幅度增加人力资源开发，为推进新农村建设提供强大的人才智力支持。逐步扩大新型农民科技培训工程和实施新农村实用人才培训工程，使其成为具有较强市场意识和具有较高生产技能的现代农业经营主体。

（六）必须着力解决好农民最关心、最迫切的问题，让农民得到实实在在的利益

建设社会主义新农村，必须立足当前，着眼长远，把维护、实现和发展广大农民群众的根本利益作为出发点，把解决农民群众受益最直接、要求最急迫的现实问题作为着力点。要加快发展农村教育、卫生、文化等社会事业，着力抓好农业和农村基础设施建设，努力解决农民上学难、看病难、行路难、饮水难和农业基础薄弱等突出问题，给农民带来看得见、摸得着的实惠。

改变农村面貌需要进行村庄建设，但这必须建立在经济社会发展的基础上，建设的重点也应放在整治村庄环境、完善配套设施、节约使用资源、改善公共服务、方便农民生产生活上，切忌盲目照搬城镇小区建设模式和某些发达地区新村建设的模式，切忌搞不切实际的大拆大建和劳民伤财的形象工程。

（七）必须从各地实际出发，按科学规律办事，坚持不懈地艰苦努力

我国各地农村差异很大，推进新农村建设，必须因地制宜、分类指导，提出的工作任务和要求必须符合当地实际、符合群众意愿，不能搞一刀切，不能强求一律，盲目攀比。新农村建设是我国经济社会发展总体布局的重要组成部分，必须尊重自然规律、经济规律和社会发展规律，科学规划、统筹安排，使新农村建设与工业化、城镇化进程相协调，与现代化建设总体布局相衔接。

第五节　提高自主创新能力，建设创新型国家

　　创新是一个民族进步的灵魂，是国家兴旺发达的不竭动力。当今时代，创新越来越成为社会生产力解放和发展的重要标志，越来越决定着一个国家、一个民族的国际舞台上的地位。党的十六届五中全会将"必须提高自主创新能力"作为坚持以科学发展观统领经济社会发展全局的六条原则之一，提出大力提高原始创新能力、集成创新能力和引进消化吸收再创新能力。

　　党的十七大报告指出：提高自主创新能力，建设创新型国家，是国家发展战略的核心，是提高综合国力的关键。要坚持走中国特色自主创新道路，把增强自主创新能力贯彻到现代化建设的各个方面。

一、建设创新型国家是加快推进中国特色社会主义现代化的必然选择

自改革开放以来,我国综合国力大增,GDP总量已跃居世界第二位,已算得上是"经济大国",但还称不上是"科技大国"。我国的科技自主创新能力还很低,缺乏核心竞争力,建设创新型国家任重而道远。

统计资料显示,目前中国技术对外依存度高达50%,占固定资产40%左右的设备投资中,有60%以上靠进口,高科技含量的关键装备基本上依赖进口,相当部分行业和企业已经形成了对发达国家的"技术依赖症"。我国大大小小的企业有几万家,但拥有自主知识产权核心技术的企业仅为万分之三,有99%的企业没有申请专利,有80%的企业没有自己的商标,多数企业处于有"制造"无"创造"、有"产权"无"知识"状态。由于没有核心技术,我国企业不得不将每部国产手机售价的20%、计算机售价的30%、数控机床售价的20%至40%支付给国外专利持有者。

当今的世界是充斥着竞争的世界,创新能力已经成为国际竞争力的决定性因素,高新技术是推动经济发展的直接动

力。相对生产性资本而言，知识资本能起到点石成金的作用，它可以几倍、十几倍地扩大现有生产资本的实力，创造更大的财富。在经济、科技全球化的新形势下，谁掌握了核心技术，谁就赢得了竞争的主动权。一个国家在科技创新方面有多大作为，就能够在经济社会发展和国家安全上赢得多大主动。

面对空前激烈的国际竞争，各国纷纷调整科技战略和政策，几乎所有国家都把加大政府科技投入、大力支持企业创新作为主导政策。不仅欧美发达国家一改过去长期采取的科技发展不干预政策，大幅度增加研发经费，把争夺科技制高点作为国家发展战略的重点，而且许多发展中国家也不遗余力地发展自己的高技术及其产业，以求在激烈的国际竞争中求得相应的生存空间。

面对科学技术日新月异、综合国力竞争日趋激烈的国际环境，我国要实现科学技术的跨越式发展，在短期内追赶与发达国家之间业已存在的上十年、几十年甚至近百年的技术差距，关键还是要靠自己。温家宝曾深刻指出："真正的核心技术是买不来的。只有拥有强大的科技创新能力，拥有自主的知识产权，才能提高我国的国际竞争力，才能享有受人尊重的国际地位和尊严。"在今后的发展中，我国仍然需要大量地引进国外的先进技术，但必须要在消化、吸收和再创新方面多做文章、做好文章，否则很难走出"引进—落后—再引进—再落后"的被动局面。在这方面我们必须要树立敢于跨越、敢于争先的强烈的民族自信心，坚定不移地走自主创新之路。

半个多世纪以来，世界上众多国家都在各自不同的起点上，努力寻求实现工业化和现代化的道路。一些国家主要依靠自身丰富的自然资源增加国民财富，如中东产油国家；一些国家主要依附于发达国家的资本、市场和技术来谋求自身的发展，如一些拉美国家；还有一些国家把科技创新作为基本战略，大幅度提高科技创新能力，形成日益强大的竞争优势，国际上把这一类国家称之为创新型国家。

据专家分析，创新型国家的特征大致体现在四个方面：（1）研发投入占国内生产总值的2%以上；（2）科技进步贡献率达70%以上；（3）对外技术依存度在30%以下；（4）创新产出高，发明专利多。目前世界上公认的创新型国家包括美国、日本、德国、芬兰、韩国等。上述几国所拥有的发明专利数量占全世界发明专利总数的99%。

面对科技的发展，2005年10月，中央明确提出了建设创新型国家的重大战略思想。2006年1月，胡锦涛在全国科学技术大会上提出，用15年左右的时间把我国建设成为创新型国家。

二、如何提高自主创新能力，建设创新型国家

提高自主创新能力，建设创新型国家，就要努力做到：

第一，加快建设国家创新体系，支持基础研究、前沿技术研究、社会公益性技术研究。着力解决制约经济社会发展的重大科技问题。积极发展对经济增长有重大带动作用、具有自主知识产权的关键技术，以及能够提高产业整体技术水平的核心技术和配套技术，拥有一批自主知识产权，造就一批具有国际竞争力的企业和品牌，带动国家整体科技水平和创新能力的提高，为我国经济社会发展和国防现代化建设提供强大科技支撑。

第二，加快建立以企业为主体、市场为导向、产学研相结合的技术创新体系，引导和支持创新要素向企业集聚，促进科技成果向现实生产力转化。企业要发挥创新主体的重要作用，从国家和自身长远发展的高度思考技术创新战略，把提升自主创新能力放到更加突出的位置，努力变"中国制造"为"中国创造"，力争掌握具有自主知识产权的关键技术，形成现实生产力，在国际市场竞争中占据有利位置，为国家自主创新能力

的提高作出贡献。

第三,充分利用国际科技资源。有一种观点认为,自主创新,就意味着什么都应当从头来、自己干,"百分之百的知识产权"。这种看法过于狭隘。我们通常所说的自主创新,大体有三方面内容:一是原始创新;二是集成创新;三是引进消化吸收再创新。关起门来搞建设不行,关起门来搞自主创新更不行,自主创新并不是排斥技术引进,也不是排斥国际合作。我们所强调的自主创新是在开放的条件下提高获取关键技术和自主知识产权的能力。我们不仅要进行原始创新,还要通过购买专利、技术合作等方式,来提高我国技术创新的能力,建设创新型国家。

第四,进一步营造鼓励创新的环境,培养造就世界一流科学家和科技领军人才,使创新智慧竞相迸发、创新人才大量涌现。加强科技领军队伍建设,健全人才激励机制,努力形成一支德才兼备、结构合理、素质优良的科技人才队伍,使优秀人才能够脱颖而出、施展才干,充分发挥人才在自主创新中的关键作用。当前,要优先发展教育,把培养和造就创新型人才摆到突出的位置,努力培养和造就一大批高素质劳动者和具有创新精神和创新能力的拔尖人才。

走建设创新型国家之路,必然要求我们加强知识产权保护,从而为科技创新提供重要法律环境。科技创新和自主创新是企业能够日益壮大的必然要求,知识产权对于发展强大的具有国际竞争力的大型企业非常重要,它是企业实现自主创新的基础和衡量指标,也是市场竞争的重要手段。所以,一方面我们要引导和鼓励企业自主创新,另一方面,相关法律部门和政府要着手制定完善的知识产权法律和法规。党的十六届三中全会通过的《中共中央关于完善社会主义市场经济体制若干问题的决定》,第一次在党的文件中提出了建立健全现代产权制度,这是我党在改革理论上的又一重大突破。总之,良好的自主创新环境和完善的知识产权法律法规是提高企业整体素质的外在条件,也是增强中国企业自主创新能力的必然要求。

第六节　建设资源节约型、环境友好型社会

一、建设资源节约型、环境友好型社会的重要意义

竭泽而渔,是中国古代的一个成语,讲的是把湖水排干来

捕鱼。鱼倒是全捕着了，但湖水排干了，就再也不会有鱼了。它告诉我们一个意味深长的哲理：如果违反自然界的规律，急功近利，过度索取，看似取之不尽的资源就会用尽。同样，在经济社会发展过程中，如果我们只注重经济的发展、消费的增长，而忽视对资源的合理利用，忽视对环境的有效保护，那就等于竭泽而渔。

我们党十分重视资源节约和环境保护工作，并把节约资源和保护环境作为基本国策。十六届五中全会从贯彻落实科学发展观、构建社会主义和谐社会的高度，提出了建设资源节约型、环境友好型社会的奋斗目标。党的十七大报告再次强调要加强能源资源节约和生态环境保护，并指出，必须把建设资源节约型、环境友好型社会放在工业化、现代化发展战略的突出位置。这是我们党对社会主义现代化建设规律认识的新飞跃，也是保障经济社会又快又好发展、全面建成小康社会的战略决策。因此，建设资源节约型、环境友好型社会的意义重大，具体表现在：

第一，这是深入贯彻落实科学发展观的需要。党的十七大报告指出，科学发展观，核心是以人为本。以人为本最基本的要求就是关爱人的生命、珍视人的健康。我们搞工业化、现代化建设的根本目的是为了提高人民群众的生活水平，促进人的全面发展。如果工业化、现代化搞上去了，经济发展了，物质生活丰富了，而人却由于喝的是受到污染的水、呼吸的是受到污染的空气、吃的是受到污染的食品，身体健康受到严重威胁，那么建设这种工业化、现代化还有什么意义？所以，各级党委和政府在推动经济社会发展的过程中，一定要把建设资源节约型、环境友好型社会放在突出位置，使老百姓喝上干净的水，呼吸到清新的空气，吃上放心的食品，有一个良好的生产生活环境。

第二，这是实现全面建成小康社会奋斗目标的需要。全面建成小康社会，不仅包括经济建设、政治建设、文化建设、社会建设，还包括生态文明建设，使整个社会走上生产发展、生活富裕、生态良好的文明发展道路。必须看到，满足全面建成小康社会对资源环境的要求难度相当大。今后，随着经济总量不断扩大和人口继续增加，对能源资源的消费需求量将越来越大，各类污染物产生量也将不断增多，生态压力还会进一步加大，环境问题将会更加突出。人对环境质量的需求总是随着物质生活质量的不断改善而逐步提高的。在全面建成小康社会进程中，必须更加重视节约资源和保护环境工作，在实现国内生产总值等经济目标的同时，采取切实有效的措施，使主要污染物排放得到有效控制，生态环境质量明显改善。

第三，这是实施可持续发展战略的需要。我国已进入工业化、城镇化加快发展的阶段，这个阶段往往也是资源环境矛盾凸显的时期。靠过量消耗资源和牺牲环境维持经济增长是不可持续的。人类发展的历史已经表明，人类文明的发展和延续，与资源环境密切相关。资源条件特别是生态环境的恶化不仅会破坏人们的生存条件，甚至会导致人类文明的消亡。如果再不重视节约资源和保护环境，我们就可能犯难以改正的历史性错误。我们决不能做"吃祖宗饭、断子孙路"的蠢事。

总之，我们一定要深刻认识加强能源资源节约和生态环境保护的重大意义，以对国家、对民族、对子孙后代高度负责的精神，切实把建设资源节约型、环境友好型社会放在工业化、现代化发展战略的突出位置，推动经济社会全面、协调、可持续发展。

二、建设资源节约型、环境友好型社会的内涵

（一）建设资源节约型社会的内涵

我们经常用"地大物博"来描述祖国的广袤与富饶。从大

的方面看,这样讲当然没有问题,但并不等于说我们国家的资源是取之不尽的。相反,目前我国乃至全球的资源形势日益紧张,不容乐观。从全球来看,有关研究表明,地球上的森林正在以每年1600万公顷的速度继续减少;现有石油储量不足2万亿桶,可供开采时间不超过百年;到2025年,全世界2/3的人口将遭受用水短缺的威胁。伴随人类社会发展和需求增加,地球上的自然资源正在日益减少。

从我国来看,一方面,由于人口众多,资源的人均占有量非常少。比如,我国水资源人均占有量为2370立方米,仅相当于世界人均的1/4;我国人均耕地面积不到1.5亩,不足世界平均水平的1/2;大多数矿产资源的人均拥有量不足世界平均水平的一半。

另一方面,生产和消费方式不合理的问题比较突出,导致资源不足的矛盾进一步凸显。过去,我们依靠资源的高投入来实现经济快速增长,这种粗放型的增长方式导致资源消耗过大,浪费的现象也比较严重。与此同时,铺张浪费、大操大办、大吃大喝的消费方式在生活中并不鲜见。虽然党和政府已经采取了一系列措施,但粗放型的经济增长方式并没有从根本上转变,奢侈浪费的消费观还在发展,能源、淡水、土地、矿产等资源不足的矛盾越来越突出。

现实告诉我们，如果不改变传统的经济增长方式，如果不把节约资源的政策方针放到更重要的位置，经济发展必然会越来越多地受到资源的制约，生产生活环境会越来越恶化，这将直接影响全面建成小康社会宏伟目标的顺利实现。因此，必须坚持资源开发节约并重、节约优先，加快建立资源节约型社会。

资源节约型社会，是指以能源资源高效率利用的方式进行生产、以节约的方式进行消费为根本特征的社会。它不仅体现了经济增长方式的转变，更是一种全新的社会发展模式要求。在生产、流通、消费的各个领域，在经济社会发展的各个方面，以节约使用能源资源和提高能源资源利用效率为核心，以节能、节水、节材、节地、资源综合利用为重点，以尽可能小的资源消耗，获得尽可能大的经济和社会效益，从而保障经济社会的可持续发展。"强本而节用，则天不能贫。"建设资源节约型社会，事关现代化建设进程和国家安全，事关人民群众福祉和根本利益，事关中华民族生存和长远发展。我们要从全局和战略的高度，加快推进资源节约型社会的建设，促进我国经济社会全面、协调、可持续发展。

（二）建设环境友好型社会的内涵

2000多年前，丝绸之路上重要的中转贸易站——楼兰，极尽繁华。然而，这座举世闻名的"大都市"，却于公元500年左右消失在漫漫黄沙中。不少研究者将吞噬楼兰文明的祸首归结为环境的急剧恶化。楼兰的悲剧警示我们：环境是无情的，只有与环境和睦相处，人类才能更好地利用环境，文明才能不断延续。

应该看到，改革开放30多年来，我们在加强环境保护方面采取了一系列措施，取得了积极的进展，部分流域区域污染治理取得初步成效，部分城市和地区环境质量有所改善，工业产品的污染排放强度有所下降。但是，我们也要清醒地看到，我国环境形势依然十分严峻：一些地区环境污染和生态恶化已经到了相当严重的程度。1/5的城市空气污染严重，1/3的国土面积受到酸雨影响。全国水土流失面积356万平方公里，沙化土地面积174万平方公里，90%以上的天然草原退化，生物多样性减少。

面对严峻的形势，必须加大保护环境的力度，充分认识保护环境的重要性、艰巨性和长期性。我们党紧密结合国情，借鉴国际先进发展理念，按照落实科学发展观、构建和谐社会的要求，提出了建设环境友好型社会的重大决策。

环境友好型社会，是人与自然和谐发展的社会，通过人与自然的和谐来促进人与人、人与社会的和谐。具体说来，它是一种以人与自然和谐相处为目标，以环境承载能力为基础，以遵循自然规律为核心，以绿色科技为动力，坚持保护优先、开发有序，合理进行功能区划分，倡导环境文化和生态文明，追求经济、社会、环境协调发展的社会体系。

天地人和，物我为一。人，本身也是自然界的一部分，没有整个自然界的环境，人就不可能生存、繁衍。保护自然环境，也就是人的自我保护。建设环境友好型社会，既是一种环境伦理观念的普及，又是经济社会发展和环境保护的实践指南，更是构建和谐社会的重要组成部分，需要我们不断提高认识，贯彻执行，为环境的友好、自然的和谐作出更多的努力。

三、如何建设资源节约型、环境友好型社会

建设资源节约型、环境友好型社会，就必须加快转变经济增长方式。

我国土地、淡水、能源、矿产资源和环境状况对经济发展已构成严重制约。要把节约资源作为基本国策，发展循环经

济，保护生态环境，加快建设资源节约型、环境友好型社会，促进经济发展与人口、资源、环境相协调。推进国民经济和社会信息化，切实走新型工业化道路，坚持节约发展、清洁发展、安全发展，实现可持续发展。

（一）大力发展循环经济

发展循环经济，是建设资源节约型、环境友好型社会和实现可持续发展的重要途径。坚持开发节约并重，节约优先，按照减量化、再利用、资源化的原则，大力推进节能、节水、节地、节材，加强资源综合利用，完善再生资源回收利用体系，全面推行清洁生产，形成低投入、低消耗、低排放和高效率的节约型增长方式。积极开发和推广资源节约、替代和循环利用技术，加快企业节能降耗的技术改造，对消耗高、污染重、技术落后的工艺和产品实施强制性淘汰制度，实行有利于资源节约的价格和财税政策。在冶金、建材、化工、电力等重点行业以及产业园区和若干城市，开展循环经济试点，健全法律法规，探索发展循环经济的有效模式。强化节约意识，鼓励生产和使用节能节水产品、节能环保型汽车，发展节能省地型建筑，形成健康文明、节约资源的消费模式。

（二）加大环境保护力度

坚持预防为主、综合治理，强化从源头防治污染和保护生态，坚决改变先污染后治理、边治理边污染的状况。各地区各部门都要把保护环境作为一项重大任务抓紧抓好，采取严格有力的措施，降低污染物排放总量，切实解决影响经济社会发展特别是严重危害人民健康的突出问题。尽快改善重点流域、重点区域的环境质量，加大"三河三湖"、三峡库区、长江上游、黄河中上游和南水北调水源及沿线等水污染防治力度，积极防治农村水源污染，特别要保护好饮用水源。综合治理大中城市环境，加强工业污染防治，加快燃煤电厂二氧化硫治理，重视控制温室气体排放，妥善处理生活垃圾和危险废物。进一步健全环境监管体制，提高环境监管能力，加大环保执法力度，实施排放总量控制、排放许可和环境影响评价制度。大力发展环保产业，建立社会化多元化环保投融资机制，运用经济手段推进污染治理市场化进程。

（三）切实保护好自然生态

坚持保护优先、开发有序，以控制不合理的资源开发活动为重点，强化对水源、土地、森林、草原、海洋等自然资源的生态保护。继续推进天然林保护、退耕还林、退牧还草、京津风沙源治理、水土流失治理、湿地保护和荒漠化、石漠化治理等生态工程，加强自然保护区、重要生态功能区和海岸带的生态保护与管理，有效保护生物多样性，促进自然生态恢复。防止外来有害物种对我国生态系统的侵害。按照谁开发谁保护、谁受益谁补偿的原则，加快建立生态补偿机制。

第六章　树立和落实科学发展观的重要保证

胡锦涛强调指出:"我们要全面领会科学发展观的科学内涵、精神实质、根本要求,进一步增强贯彻落实科学发展观的自觉性和坚定性,更好完成新世纪新阶段我们肩负的历史任务,更加自觉地走科学发展道路。"同时,只有进一步建立有利于树立和落实科学发展观的体制机制、加强党的建设、继续深化改革开放,才能保证把科学发展观的全面贯彻落实到经济社会发展各个方面。

第一节　增强树立和落实科学发展观的自觉性

全面贯彻落实科学发展观,关键是要不断增强树立和落实科学发展观的自觉性,进一步用科学发展观武装头脑,使科学发展观真正为全党同志所掌握,并真正贯彻到各项工作中去。

要大力加强对科学发展观的学习、宣传和研究,引导广大干部群众深刻认识科学发展观的时代背景,进一步明确贯彻落实科学发展观是新世纪、新阶段推动我国经济社会发展的必然要求;深刻认识科学发展观的指导意义,进一步明确科学发展观是推进我国改革开放和社会主义现代化建设必须长期坚持的指导方针;深刻认识科学发展观的丰富内涵,进一步明确以人为本、全面、协调、可持续发展的本质要求,从而切实把思想统一到科学发展观上来。

一、深刻认识和准确把握科学发展观的精神实质、主要内涵和基本要求

要认真学习马克思列宁主义、毛泽东思想、邓小平理论和"三个代表"重要思想,特别要学习毛泽东、邓小平和江泽民关于发展的重要思想,从理论与实践的结合上,弄懂这一发展观的科学性。只有真正认识到科学发展观符合马克思主义辩证唯物主义和历史唯物主义的基本原理,是我们党对社会主义现代化建设规律认识的进一步深化,是同毛泽东、邓小平、江泽民关于发展的重要思想一脉相承而又与时俱进的马克思主义发展观,我们才能真正具有树立和落实科学发

展观的自觉性。

科学发展观继承和发展了马克思主义发展观的基本内涵。马克思主义认为，人类社会的进步是一个从低级文明到高级文明、从片面发展到全面发展的客观过程。社会主义的目的就是要建立一个全面发展的社会。马克思主义非常注重人和社会的全面发展，提出要在生产力发展的基础上实现人与社会的全面发展，并把人的全面发展确立为社会发展的终极价值。马克思主义把社会生产分为物质生产和精神生产，认为物质生产决定精神生产、精神生产会对物质生产产生巨大的反作用。

科学发展观在坚持马克思主义发展观的基础上，进一步适应时代要求，鲜明地提出坚持全面发展、协调发展、可持续发展和促进人的全面发展，标志着我们党对社会主义建设规律的认识更加成熟。科学发展观本身来自于实践，用以指导实践，是我们现阶段正确处理当代中国发展中近期与长远、局部与全局以及经济与社会、经济与政治文化、人与自然关系的指南。我们要在改革开放和现代化建设实践中，进一步加深对科学发展观的真理性的认识，更加自觉地运用科学发展观来统领经济和社会发展的各项工作。

二、认清人类生存和发展面临的严峻形势和我国进入新阶段面临的突出矛盾

人类社会在发展的历史长河中,创造了辉煌灿烂的物质文明和精神文明。特别是工业革命以来,世界经济获得了空前发展。但与此同时,人类社会也面临着人口膨胀、资源匮乏、环境污染严重等严重威胁着人类生存和发展的全球性问题。人类不得不重新审视人与自然的关系、经济与社会的关系、当代与未来的关系,探索和寻求新的发展道路。世界有识之士形成了共识:"人类只有一个地球。"无序发展,放任人口膨胀,资源滥用,环境污染,无异于人类的自身毁灭。

1987年,世界环境与发展委员会提出了可持续发展观。1992年,联合国在巴西里约热内卢召开"环境与发展战略大会",签署了《21世纪议程》等5个文件,把可持续发展正式确立为各国应遵循的发展道路。这是人类文明进步的共识和选择。从我国的情况来看,多年来,我们在经济快速发展的同时,也产生了不少矛盾和问题,主要是城乡差距、地区差距、居民收入差距持续扩大,就业和社会保障压力增加,教育、卫生、文化等社会事业发展滞后,人口增长、经济发展同生态环

境、自然资源的矛盾加剧，经济增长方式落后，经济整体素质不高和竞争力不强等，这些问题必须高度重视、不可回避，必须逐步解决、不可任其发展。重视和解决这些问题，其前提和关键就是树立科学发展观。

三、用科学发展观武装头脑，加强科学发展观的理论创新和社会宣传

科学发展观内涵十分丰富，要从理论上研究透彻、阐释明白，帮助人们深刻理解和牢固树立科学发展观，更加自觉地用科学发展观指导新的发展实践。要紧紧围绕党和国家工作大局，明确研究方向，突出研究重点，深入研究和解决转变经济增长方式、克服资源环境瓶颈制约的问题，深入研究和解决统筹发展、逐步改变发展不协调的问题，深入研究和解决推进改革攻坚、完善社会主义市场经济体制的问题，深入研究和解决关心群众生产生活、促进社会和谐的问题。

要把自然科学、人文科学、社会科学等方方面面的知识、方法、手段协调和集成起来，进行全面、系统、深入的研究，不断推出有深度有价值的研究成果，不断深化对经济社会发展客观规律的认识，为牢固树立和贯彻落实科学发展观提供

坚实的理论基础。

要立足于中国特色社会主义发展实践，紧密联系当今世界发展变化的新情况，联系我国社会生产力最新发展和经济体制深刻变革的客观实际，联系人民群众对物质文化生活提出的新要求，善于从时代的发展进步中开阔视野，从人民群众的实践中汲取新鲜经验，不断推进实践创新和理论创新。

要把学习贯彻科学发展观同深入学习贯彻邓小平理论和"三个代表"重要思想结合起来，同学习贯彻党的十六大和十六届三中、四中、五中全会精神结合起来，同学习贯彻构建社会主义和谐社会、加强党的执政能力建设和先进性建设、建设创新型国家、建设社会主义新农村、树立社会主义荣辱观、走和平发展道路等一系列重大战略思想结合起来，把学习贯彻科学发展观不断引向深入。

在全社会大力宣传和普及科学发展观，使科学发展观深入人心，是牢固树立和全面落实科学发展观的基础性工作。只有使广大人民群众都学习科学发展观、掌握科学发展观，才能使落实科学发展观真正成为全社会的自觉行动，才能把科学发展观真正贯彻到经济社会发展的各个领域、各个环节。

要广泛开展群众性宣传教育活动，在全社会大力普及以人为本的观念、全面发展的观念、协调发展的观念和可持续发展的观念,大力宣传从领导干部到普通群众、从党内到社会各界学习科学发展观的思想认识和实践科学发展观的典型经验,引导广大干部群众牢固树立正确的生产观、生活观,推动形成科学发展、文明生活的良好社会风尚。

要坚持贴近实际、贴近生活、贴近群众,针对学习贯彻科学发展观过程中出现的思想认识问题,针对干部群众关心的热点难点问题,解疑释惑,统一认识,引导广大干部群众不断增强贯彻落实科学发展观的责任感、紧迫感。

第二节 建立有利于树立和落实科学发展观的体制机制

经过改革开放以来30多年的努力,我国的社会主义市场经济体制初步建立,公有制为主体、多种经济成分并存的基本经济制度已经确立,市场机制已经发挥对资源配置的基础性作用。但也必须看到,我国社会主义市场经济体制还不完善,生产力发展中的体制机制障碍仍然存在,这是经济社会发展中诸多突出矛盾和问题的深层次根源。通过树立和贯彻落实科学发展观，有效解决这些矛盾和问题，必须坚持和依靠深化改革、推进改革、用改革创新的办法消除发展中的"瓶颈"和体制性障碍。

一、构建落实科学发展观的体制框架

（一）构建保障科学发展的新体制

我们目前的体制框架有很强的"增长是硬道理"的色彩。尽管我们很早就提出发展要讲求质量和效益，要有利于人民生活水平的提高和社会的全面进步，但实际上却是一种偏重和鼓励GDP增长的体制。在这种体制下，"发展是硬道理"被曲解为"增长是硬道理"，一些地方重经济指标，轻社会进步；重物质成果，轻人的价值；重眼前利益，轻长远福祉，给发展带来了许多问题。

党的十六届五中全会强调，发展必须是科学发展，要按照以人为本的要求，从解决关系人民群众切身利益的现实问题入手，更加注重经济社会协调发展，加快发展社会事业，促进人的全面发展。这是对过度崇拜GDP增长的旧的发展观的彻底扬弃，也是构建促进经济社会全面、协调、可持续发展新体制的动员令。

（二）构建保障市场在资源配置中的基础性作用的新体制

目前的体制框架基本上是"政府主导型"的。长期以来，我国的经济增长在很大程度上是在政府主导下实现的。这种经济增长方式曾经对经济快速增长发挥过积极作用，同时也积累了相当多的矛盾和风险，不仅造成了资源价格扭曲、资源浪费和粗放型增长，而且还由此引发了大量的社会矛盾和问题，已是弊多利少，到了非改不可的地步。

党的十六届五中全会强调，要以转变政府职能和深化企业、财税、金融等改革为重点，加快完善社会主义市场经济体制，形成有利于转变经济增长方式、促进全面、协调、可持续发展的机制，更大程度地发挥市场在资源配置中的基础性作用，提高资源配置效率。可以预见，传统的制度安排将会被突破，一种更能发挥市场在资源配置中的基础性作用的新的体制框架即将诞生。

（三）构建保障社会公平与正义的新体制

党的十一届三中全会后，中国改革开放的总设计师邓小平提出了一个重要命题：先富论。30多年来，在这个大政策下形成了一系列的制度安排。从总体上说，这种制度安排打破了传统绝对平均主义体制，推动了中国的经济发展和社会进步，同时也带来了新的问题：居民贫富差距悬殊、地区发展不平衡、社会分配不公平。党中央清醒地意识到，我国已经进入了发展黄金期和矛盾凸现期并存的新阶段，必须在追求经济持续快速增长的同时，更加关注增长均衡、机会均等和社会公平，以避免"拉美化"现象在中国重现。

十六届五中全会强调，要健全区域协调互动机制，注重社会公平，合理调节收入分配，建立健全社会保障体系。这里奏响的是一个新的主基调：共同富裕，预示着一种以普惠为原则的新体制的框架已经呼之欲出。从先富论走向共富论，这不仅是历史的必然和现实的选择，也是邓小平当初合乎逻辑的设计安排。这一新的变化，是中国历史发展的一个重要拐点。

（四）构建保障人的全面发展的新体制

由于发展价值观的偏失，许多地方出现偏重物质积累、忽视人的发展，偏重经济增长、缺失人文关怀的现象。党的十六届五中全会的一个突出亮点，就是更加强调以人为本，更加关注民生，首次将改善人民生活提升为党和国家的中心任务。从强调扩大就业，到强调建立健全社会保障体系，关注的无不是人民群众最关心、最直接、最现实的利益问题，乃至连老百姓看病难、看病贵等问题都纳入了党要认真研究并逐步解决的重大问题。全会提出的所有发展和改革任务，都是以增进人民福祉、提升人口素质、实现人的全面发展为其宗旨的。人们不难从中领悟到科学发展观的本质和核心。可以预见，一种更能充满人文关怀的新的体制框架即将问世。

二、完善落实科学发展观体制保障的路径选择

贯彻落实科学发展观，离不开体制机制保障。而要推进体制机制改革与创新，重要的是必须作出改革路径的正确选择。

（一）建立统筹城乡发展的有效机制

要把农村和城市作为一个有机统一的整体，把解决好"三农"问题作为各项工作的重中之重，把农业的发展放到整个国民经济发展中统筹考虑，把农村的繁荣放到全社会进步中统筹规划，把农民的增收放到国民收入分配的总格局中统筹安排，建立城乡一体、相互推动的体制和机制，促进城乡经济社会协调发展，逐步改变城乡二元结构。

一是加大国家对农村发展的支持力度。各项经济政策要向农村倾斜，逐步形成三农资金稳定增长的机制，建立健全国家支持和保护农业的制度。

二是充分发挥城市对农村的带动作用。利用城市在经济和

科技、教育、文化、卫生等方面的优势,加大对农村的辐射力度,以城市繁荣带动农村进步。

三是建立农民增收的长效机制。现阶段农民增收困难,是城乡二元结构长期积累的各种深层次矛盾的集中表现。破解这些难题,必须坚持"多予、少取、放活"的方针,调整农业结构,扩大农民就业,加快科技进步,增加农业投入,强化对农业支持保护,发挥国家政策对农民增收的导向和带动作用。

统筹推进城乡改革。逐步建立城乡统一的劳动就业制度、户籍管理制度、义务教育制度、税收制度和社会保障制度,通过发展各类专业合作组织,完善统分结合的农村基本经济制度,扩大城乡商品流通的同时,重点完善和规范城乡统一的劳动力、资本和土地市场,改变目前生产要素流动不利于农村发展的局面。

(二)建立统筹区域发展的有效机制

建立统筹区域发展的机制,实现区域经济的协调发展。首先必须建立有别于计划经济时代、符合市场经济规律的新概念的区域规划机制和相应的体制,以开展全国性的新一代区域规划。区域规划的实施,必须严格按照法律规定的实施步骤和操作程序进行。

新的区域规划应主要包括两部分的内容：区域经济发展规划和区域经济调节政策。其中，根据调节目标和性质的不同，区域经济调节政策又可以细分为区域经济发展支持政策、区域经济发展控制政策和区域经济发展平衡政策等三种类型。

区域经济发展规划的任务是对各地区按照区域规划的目的，即当前所要解决的主要问题，进行分类，然后在此基础上，分别制定不同的发展目标，并采取相应的政策手段加以实现。

区域经济发展控制政策主要是针对大都市及大都市地区经济过分集中而制定的。为了促进区域经济协调发展机制的有效运作并提供相应的制度保障，除了加强相应的法律法规体系建设外，还应成立区域规划执行和管理机构，统筹这方面的问题。

统筹区域发展的核心目标是实现区域经济的协调发展，促进各地区之间形成优势互补、分工协作、相互促进、良性互动的协调关系。

统筹区域发展最根本的方向不是采取复杂多样的区域政策割裂全国统一的大市场，扭曲市场机制的调节机能，而是努力建设统一开放竞争有序的市场体系，充分发挥市场机制在调节区域分工、产业空间布局等方面的调节机能。区域经济政策的根本方向是完善、补充和引导市场机制,而不是取代市场机制。

(三)建立统筹经济社会发展的有效机制

根据科学发展观的要求,通过改革与创新完善统筹经济社会协调发展的体制保障,应当注意以下几个方面:

首先在发展取向上,这种协调发展所要追求的不是以经济增长为核心,而是经济增长与社会发展之间的相互促进、相互协同。经济增长的重要性固然不容忽视,它是社会发展的基础,但是,经济增长的作用并非是至高无上的,社会的有序发展反过来会成为经济持续增长的重要保证。

其次在发展机制方面,这种协调发展所要追求的不是单一化、简单化、局部化的增长,而是充分注重多样性、复杂性、整体性的发展。作为经济与社会协调发展在社会成员利益表达层面上的体现,就是要高度辩证地处理好效率与公平之间的关系问题。

最后在发展目标方面,这种协调发展所要追求的不仅是物质层面的积累和增长,而将越来越注重精神层面的丰富与圆满,尤其必须强调,经济与社会协调发展的综合性成果的最重要表现形式就是促进人的全面发展,这是人类发展进程中的一个根本性问题,也是科学发展观所致力于达成的最终目标。贯彻以人为本的发展原则,就应该在经济与社会协调发展的规划及其指标体系的制定中,更注重人本指标或人文指标,如把生活满意度或幸福感作为经济与社会协调发展状况的重要衡量指标,就是其中的一个重要方面。

(四)建立统筹人与自然和谐发展的有效机制

统筹人与自然和谐发展:一方面要通过改革建立有利于构建资源节约型社会的体制机制。要建设促进能源资源节约的体制机制,实行能源资源效率和最低技术水平准入标准,实施高消耗落后技术、工艺和产品的强制性淘汰制度,促进建立市场化的能源资源节约体制机制,完善政府调控手段,形成有利于节约能源资源的市场环境和长效机制。要建立资源利用的协调机制,根据资源的承载能力来配置资源。建立能源资源审计制度,与现行的环境评价制度共同构成社会性管理的新框架。

另一方面要通过改革建立有利于构建环境友好型社会的体制机制,建立科学完备的环保法律保障制度。建设环境友好型社会是一个综合性的要求,其制度创新和完善涉及环境保护的方方面面。要规范环保相关的市场准入和政策扶持,建立完善配套的法律法规体系、政策支持体系、技术创新体系和激励约束机制。

建立以循环经济为重要特征的经济发展模式。要充分利用市场规律，以财税、价格等经济政策推进绿色消费，通过环境友好的消费选择带动环境友好型产品和服务的生产。改革和完善环境监管体制机制，加大执法力度，严格执行总量控制、污染浓度控制、排污许可证和环境影响评价制度。不断培育环境友好的文化氛围。引导公众从社会主义新文明的角度认识环境友好型社会，倡导环境文化，培养公众的环境危机意识，使环境友好型社会的理念成为全社会的共识和奉行的价值观。

（五）建立统筹国内发展和对外开放的有效机制

统筹国内发展和对外开放，必须加快管理体制和工作机制的转变，形成更加完善的开放型经济管理机制。

一是形成内外贸一体化的管理机制。从管理体制、企业主体、商品经营等方面加快内外贸融合。

二是处理好内需与外需、利用外资与利用内资的关系，充分利用国内外两个市场、两种资源，积极实施"走出去"战略，参与经济全球化和区域经济一体化。

三是形成加入世贸组织的长期应对机制。目前我国已经进入"入世"的后过渡期,大多数保护措施将陆续到期,货物贸易和服务贸易领域将进一步开放,要加快制定和完善可能受到冲击的重点行业的应对策略。

四是形成国际贸易摩擦的有效应对机制。我国是世界上遭受反倾销调查较多的国家之一,贸易摩擦的增多,对我国出口的进一步扩大形成了严重阻碍。要加强政府、中介组织、企业的协同配合,全方位开展同国外贸易保护主义的斗争。

五是形成维护经济安全的风险防范机制。建立有效的国家重要战略物资储备制度,努力实现战略物资进口来源多元化、方式多样化、渠道稳定化;建立健全合理保护国内产业和市场的长效机制,在开放中发展,在发展中保护;保持经济自主性,积极扩大多双边和区域经贸合作,提高我国在国际经贸事务中的制衡能力。

第三节　加强党的执政能力建设和先进性建设

贯彻落实科学发展观,团结带领全国各族人民不断推进中国特色社会主义伟大事业,关键在党。加强党的建设,进一步提高执政能力和领导水平,是树立和落实科学发展观的基本前提。只有切实加强党的建设，进一步提高执政能力和领导水平，树立和落实科学发展观才会成为可能；不加强党的建设，不进一步提高执政能力和领导水平，树立和落实科学发展观就会成为一句空话。

因此，我们在全面建成小康社会的伟大进程中，要继续推进党的建设新的伟大工程，加强党的执政能力建设和先进性建设，不断提高党的领导水平和执政能力，为贯彻落实科学发展观提供有力保证。

一、要把树立和落实科学发展观同加强党的执政能力建设紧密结合起来

科学发展观进一步丰富了党的执政理念，对加强党的执政能力建设提出了新要求。提高党的执政能力，首先要提高党领导发展的能力。要在运用科学发展观指导经济社会发展的实践中不断提高党的执政能力和执政水平，通过加强党的执政能力建设推动科学发展观的贯彻落实。按照社会主义现代化建设的要求，不断提高驾驭社会主义市场经济的能力、发展社会主义民主政治的能力、建设社会主义先进文化的能力、构建社会主义和谐社会的能力、应对国际局势和处理国际事务的能力。

要加强和改进党对经济社会发展工作的领导，着力提高贯彻科学发展观的能力、驾驭全局的能力、处理利益关系的能力和务实创新的能力。坚持党总揽全局、协调各方的原则，按照"把握方向，谋划全局，提出战略，制定政策，推动立法，营造良好环境"的要求，完善党领导经济社会发展的体制机制和方式，加强和改进对经济社会重大事务的综合协调。

二、要把树立和落实科学发展观同加强党的先进性建设紧密结合起来

科学发展观赋予党的先进性建设以新的时代内涵和历史任务，深入学习和全面贯彻科学发展观，是新时期党的先进性的重要体现。要围绕推动经济社会又快又好发展，把先进性建设的要求贯穿于党的建设新的伟大工程的各个方面，为贯彻落实科学发展观提供有力保障。

要通过加强党的思想建设、组织建设、作风建设和制度建设，使党的理论和路线方针政策顺应时代发展的潮流和我国社会发展进步的要求、反映全国各族人民的利益和愿望，使各级党组织不断提高创造力、凝聚力、战斗力、始终发挥领导核心作用和战斗堡垒作用，使广大党员不断提高自身素质、始终发

挥先锋模范作用。

要把保持和发展党的先进性，体现在善于治国理政上，体现在不断发展先进生产力、发展民主政治、发展先进文化、构建和谐社会、实现最广大人民的根本利益上，以党的先进性建设推动科学发展观的落实，使我们党始终走在时代前列、始终保持旺盛的生机和活力。

三、要把树立和落实科学发展观同弘扬求真务实精神紧密结合起来

在新的历史条件下，党中央提出大力弘扬求真务实精神、大兴求真务实之风，鲜明体现了我们党一贯倡导的求真务实精神，体现了解放思想、实事求是、与时俱进这个马克思主义的精髓，是对党的思想路线的丰富和发展。

求真务实，就是要坚持一切从实际出发，实事求是，不断深化对事物本质的认识，把握事物发展的规律，把握客观真理，坚持和发展科学理论；就是要用科学理论指导实践、推动工作，取得实实在在的成效，并在实践中检验真理和发展真理。

坚持全心全意为人民服务，摆正同人民群众的关系，是坚

持求真务实的根本准则。正确认识国情，按照国情制定路线方针政策和开展工作，是坚持求真务实的根本依据。认识规律、把握规律、遵循和运用规律，是坚持求真务实的根本要求。

要引导全党同志不断求我国社会主义初级阶段基本国情之真，务坚持长期艰苦奋斗之实；求社会主义建设规律和人类社会发展规律之真，务抓好发展这个党执政兴国的第一要务之实；求人民群众的历史地位和作用之真，务发展最广大人民的根本利益之实；求共产党执政规律之真，务全面加强和改进党的建设之实，把全面建成小康社会的各项任务落到实处。

要牢记"两个务必"，全面落实"八个坚持、八个反对"的要求，大力提倡艰苦奋斗、自强不息，与时俱进、开拓创新的精神，坚决反对形式主义、官僚主义，认真解决思想作风、学风、工作作风、领导作风和干部生活作风方面的突出问题，使全体党员特别是领导干部始终以良好的精神状态做好改革发展稳定的各项工作。

要紧紧围绕保持党同人民群众的血肉联系这个核心，深入开展党风廉政建设和反腐败斗争，坚持清正廉洁，自觉反腐倡廉、拒腐防变，坚持标本兼治、综合治理、惩防并举、注重预防的方针，建立健全教育、制度、监督并重的惩治和预防腐败体系，从源头上预防和解决腐败问题。

要坚持讲学习、讲政治、讲正气，做到自重、自省、自警、自励，坚持为民、务实、清廉，始终保持共产党人的蓬勃朝气、昂扬锐气、浩然正气，不断为党和人民建立新的业绩。

我们一定要紧密团结在党中央周围，高举邓小平理论和"三个代表"重要思想伟大旗帜，牢固树立和全面落实科学发展观，解放思想、实事求是、与时俱进，为夺取全面建成小康社会、加快推进社会主义现代化的新胜利而努力奋斗。

第四节　继续深化改革开放

一、深化和推进改革是贯彻落实科学发展观的要求

改革开放是当代中国的主旋律，是中国特色社会主义发展前进的成功之路，是推动各项事业发展的根本动力。深入贯彻落实科学发展观，要求我们毫不动摇地坚持改革开放的正确方向，进一步坚定改革开放的决心和信心，加快重要领域和关键环节改革开放的步伐，为科学发展提供强大的动力

和体制保障。

改革开放是党在新的时代条件下带领人民进行的新的伟大革命，目的就是要解放和发展社会生产力，实现国家现代化，让中国人民富裕起来，振兴伟大的中华民族；就是要推动我国社会主义制度自我完善和发展，赋予社会主义新的生机活力，建设和发展中国特色社会主义；就是要在引领当代中国发展进步中加强和改进党的建设，保持和发展党的先进性，确保党始终走在时代前列。

新时期最鲜明的特点是改革开放，最显著的成就是快速发展，最突出的标志是与时俱进。改革开放为中国的发展奠定了坚实的物质基础，凝聚了强大的精神力量。通过这场伟大革命的洗礼，中国人民的面貌、社会主义中国的面貌、中国共产党的面貌发生了历史性变化，中华民族大踏步赶上时代前进潮流、迎来伟大复兴的光明前景，一个面向现代化、面向世界、面向未来的社会主义中国巍然屹立在世界东方。

事实雄辩地证明，改革开放是决定当代中国命运的关键抉择，是发展中国特色社会主义、实现中华民族伟大复兴的必由之路；只有社会主义才能救中国，只有改革开放才能发展中国、发展社会主义、发展马克思主义。

改革开放作为一场新的伟大革命,不可能是一帆风顺的,也不可能是一蹴而就的。最根本的是,改革开放符合党心民心、顺应时代潮流,方向和道路是完全正确的,成效和功绩不容否定,停顿和倒退没有出路。必须深刻认识到,我国发展面临的一些深层次矛盾和问题,很多是体制机制方面的矛盾和问题,其中有的属于传统计划经济体制遗留下来的、至今尚未得到根本解决的,有的属于社会主义市场经济发展过程中体制建设滞后造成的或由新情况新问题带来的问题。

胡锦涛指出:"中国过去三十年的快速发展,靠的是改革开放;中国未来的发展,也必须靠改革开放。"我们要进一步坚定在新的历史条件下继续推进改革开放的决心和信心,毫不动摇地沿着改革开放的伟大道路走下去。

二、必须始终坚持改革开放的正确方向

我们党领导的改革开放绝不是要改掉社会主义制度。苏联和东欧一些国家的"改革"最终导致社会主义制度瓦解、共产党执政地位丧失甚至国家解体,主要原因就是放弃了共产党领导和社会主义制度。

我们党领导的改革开放之所以实现了目的和效果的高度

统一，就在于我们始终坚持从我国社会主义初级阶段基本国情出发，既坚定不移地进行改革开放，又坚定不移地坚持中国共产党的领导、坚持社会主义方向；既坚持科学社会主义基本原则，又赋予社会主义以鲜明的时代特征和中国特色；既认真借鉴国外发展市场经济的有益做法，又积极探索我国社会主义基本制度和市场经济体制有机结合的新途径新方式。

三、必须注重提高改革决策的科学性、增强改革措施的协调性、正确处理改革发展稳定的关系

要深刻认识中国经济社会发展的特点和规律，及时研究和解决改革进程中出现的新情况新问题，把加快改革的紧迫感同坚持科学求实的精神很好地结合起来，充分考虑有利条件和可能出现的困难，既锲而不舍又积极稳妥地把改革向前推进，使改革措施符合实际情况，反映客观规律。

要坚持统筹兼顾、综合配套、协调推进，把改革的阶段性目标和总体目标有机统一起来，把需要和可能结合起来，努力实现经济体制改革与政治体制改革、文化体制改革、社会体制改革相协调，宏观改革与微观改革相协调，城市改革与农村改革相协调，使改革兼顾各方面利益、照顾各方面关切，形成共

同推进改革的整体合力。要把改革的力度、发展的速度和社会可承受的程度有机统一起来，把改善人民生活作为正确处理改革发展稳定关系的结合点，在社会稳定中推进改革和发展，通过改革和发展促进社会稳定。

四、要紧紧围绕落实实现全面建成小康社会奋斗目标的新要求，把改革创新精神贯彻到治国理政的各个环节

要不断深化社会主义市场经济体制改革和各方面体制改革创新，不失时机地努力在一些重要领域和关键环节实现改革的新突破，着力构建充满活力、富有效率、更加开放、有利于科学发展的体制机制。要从推动科学发展的实际需要出发，建立健全经济社会发展综合评价、科技创新、产业发展、城市规划、土地供给、环保约束、财税分配、民生保障、舆论引导、干部实绩考核等方面的体制机制。

加快行政管理体制改革，按照决策权、执行权、监督权既相互制约又相互协调的要求，着力转变职能、理顺关系、优化结构、提高效能，形成权责一致、分工合理、决策科学、执行顺畅、监督有力的行政管理体制，探索实行职能有机统一的大

部门体制，建设服务政府、责任政府、法治政府和廉洁政府。发展各类生产要素市场，完善反映市场供求关系、资源稀缺程度、环境损害成本的生产要素和资源价格形成机制，加快形成统一开放、竞争有序的现代市场体系。

深化国有企业公司制、股份制改革，健全现代企业制度，完善国有资本有进有退、合理流动机制，优化国有经济布局和结构，使国有资本进一步向关系国家安全、国民经济命脉的重要行业和关键领域集中，增强国有经济活力、控制力、影响力。

继续深化财税、价格、投资和金融体制改革，加快公共财政体系建设，深化预算制度改革，健全中央和地方财力与事权相匹配的体制，建立健全资源有偿使用制度和生态环境补偿机制，形成多种所有制和多种经营形式、结构合理、功能完善、高效安全的现代金融体系。

加快推进社会管理体制改革，整合社会管理资源，健全党委领导、政府负责、社会协同、公众参与的社会管理格局，进一步推动建立政府调控机制同社会协调机制互联、政府行政功能同社会自治功能互补、政府管理力量同社会调节力量互动的社会管理网络，健全基层社会管理体制，形成对全社会进行有效覆盖和全面管理的体系。

在经济全球化深入发展和我国对外开放不断扩大的条件下，我国经济同世界经济的互动日益增多、联系更加密切。我国经济发展对世界经济增长的贡献越来越大，对国际市场和国外资源的依赖程度也在提高。

胡锦涛指出，必须"坚持对外开放的基本国策，把'引进来'和'走出去'更好结合起来，扩大开放领域，优化开放结构，提高开放质量，完善内外联动、互利共赢、安全高效的开放型经济体系，形成经济全球化条件下参与国际经济合作和竞争新优势。"要深化沿海开放，加快内地开放，提升沿边开放，实现对内对外开放相互促进。加快转变外贸增长方式，立足以质取胜，调整进出口结构，促进加工贸易转型升级，大力发展服务贸易，加大对自主品牌的培育和支持力度，增强应对国际市场波动的能力。

创新利用外资方式，优化利用外资结构，发挥利用外资在推动自主创新、产业升级、区域协调发展等方面的积极作用，把利用外资与促进国内产业结构优化升级结合起来，改善贸易投资环境，形成稳定、透明的管理体制和公平、可预见的政策环境。

继续实施"走出去"战略，创新对外投资和合作方式，鼓励和支持有条件的企业对外投资和跨国经营，积极稳妥推进境外经贸合作区建设，实施自由贸易区战略，积极探索国际投资合作新形式。

积极开展国际能源资源互利合作，努力建立多元、稳定、可靠的能源资源供给保障。注重防范国际经济风险，维护国家经济安全。

参 考 文 献

[1]本书编写组编著. 十八大报告辅导读本[M]. 北京：人民出版社，2012.

[2]中共中央文献研究室第五编研部. 科学发展观与十六大以来的理论创新[M]. 北京：中央文献出版社，2012.

[3]刘福臣，李纪彩，宋业政. 我国生态文明发展战略研究[M]. 北京：人民出版社，2013.

[4]庞元正. 科学发展观基本问题研究[M]. 北京：人民出版社，2012.

[5]李君如. 中国特色社会主义道路研究[M]. 北京：人民出版社，2012.

[6]李兴山，梁言顺. 科学发展观研究[M]. 北京：中共中央党校出版社，2010.

[7]余谋昌. 生态文明论[M]. 北京：中央编译出版社，2010.

[8]程天权. 科学发展观研究[M]. 北京：中国人民大学出版

社，2009.

[9]李崇富，李建平. 发展观与历史唯物主义[M]. 北京：人民出版社，2006.

[10]莱斯特·布朗. 生态经济[M]. 北京：东方出版社，2002.

[11]赫尔曼·戴利. 超越增长——可持续发展经济学[M]. 上海：上海译文出版社，2001.

[12]丹尼斯·米都斯. 增长的极限[M]. 成都：四川人民出版社，1983.